논리와 사고

김동건 지음

KM 경문사

머리말

논리학은 논증 및 논증의 결합으로써의 이론구조를 연구하는 학문이라고 말할 수 있다. 넓은 의미로 인식론을 논리학이라고 말할 때도 있으나, 그런 경우에 우리는 특별히 형식논리학이라고 말한다. 동양에서는 기원전 4세기 무렵부터 인도에서 논증형식의 분류가 시작되었고, 특히 불교가 일어난 후에는 상세한 논리학의 연구가 행해졌다. 서양에서는 고대 그리스에서 이미 상당히 진보된 논리학 연구가 이루어졌으며 철학자이자 수학자인 아리스토텔레스가 집대성하여 체계화한 것이 논리학의 가장 오래된 문헌으로 전해진다. 아리스토텔레스 논리학이 중세의 스콜라철학을 거쳐서 약간 변형되어, 근세 초에 하나의 교육과정으로 정착한 것이 형식논리학인데, 우리나라의 경우 8·15 광복까지만 해도 오로지 이 형식논리학만을 가르쳤다.

19세기 후반에 와서 수학의 논증 등을 분석할 수 있도록 논리학을 발전시키려는 움직임이 유럽에서 일어났고, 여기에다 집합론을 접목시킨 수학적 이론이 부가되어 논리학은 혁명적이라 할 만한 변화를 가져왔다. 이 대변화 뒤의 논리학을 기호논리학 또는 수리논리학이라 한다. 기호논리학은 형식적 논리학을 부정한 것이라기보다는 형식적 논리학의 성과 안에서 현대적인 의미가 있는 것을 흡수 발전시키고, 새로운 견지와 방법을 덧붙임으로써 만들어진 것이다. 따라서 형식논리학과 함께 기호논리학에 대해 점차적으로 소개하겠다.

1장에서는 논리학이 형성되고 발전되기까지 역사적으로 어떤 과정이 있었는지에 대해 간략하게 소개한다.

2장에서는 사고의 기본단위인 개념을 정의한다. 개념의 분류가 표현방법과 포함관계에 따라 두 가지로 나뉘게 되며, 사물이나 사고에 대한 올바른 개념 인식이 올바르고 타당한 논증을 하기 위해 필요한 기본적인 과정임을 배운다.

3장에서는 개념을 언어로 명확히 표현하는 정의에 대해 설명한다. 개념이 사고의 형식이라면 정의는 머릿속에서 개념으로 인식된 사고를 밖으로 표출하여 글이나 말로 표현하는 과정이라고 말할 수 있다. 어떤 개념에 대한 정의는 일정한 규칙들에 의해 표현되는데, 이러한 규칙들에 충실할 때 어떤 사물이나 사고에 대해 정확하고도 명확하게, 그리고 반복되지 않으면서 긍정적 표현방법으로 정의를 내릴 수 있게 됨을 알게 한다.

4장에서는 명제에 대해 소개한다. 명제는 참과 거짓(진리값)의 판단이 가능한 문장이다. 논리학에서 다루게 되는 문장은 바로 명제와 같이 진리값을 가지며, 특히 명제의 요소들(양화사, 주개념, 빈개념, 계사)이 일정한 배열 순서를 가진 특정형식의 명제(정언명제)이다. 여기서 네 가지 정언명제들을 소개하고, 명제들의 대당관계를 바탕으로 명제의 진리값을 판단하는 방법을 다루게 된다.

5장에서는 정언명제를 벤다이어그램의 그림으로 표현하는 방법을 소개한다. 집합이 벤다이어그램으로 표현된다는 것을 고등학교에서 배운 바 있다. 즉 이것은 정언명제가 집합의 개념으로 설명될 수 있다는 것을 의미한다. 이 그림의 도입은 논리학이 수학적으로 응용되게 하였다. 그래서 기호논리학의 발전이 우리가 일상에서 사용하는 컴퓨터의 도입과 그 이상의 과학적인 성과를 얻게 하였다. 또한 정언명제를 여러 가지 변형방법으로 동일한 진리값을 갖는 다른 형식의 명제로 바꾸는 연습을 한다.

6장에서는 언어의 여러 기능에 대해 소개하고, 다양한 느낌을 갖게 하는 언어의 묘한 맛을 배우게 된다.

7장에서는 논증에 대해 소개한다. 논증은 귀납논증과 연역논증으로 분류되는데, 여기서는 두 논증에 대한 전통적 정의방법을 소개하고, 특히 연역논증의 경우 전제가 되는 명제와 결론이 되는 명제의 진리값에 따라 바른 연역논증과 바르지 않은 연역논증으로 구별된다.

8장에서는 우리가 보통 대화나 주장을 하면서 범하기 쉬운 비형식적 오류에 대해 배우게 된다. 비형식적 오류는 논리적으로 상대방을 설득하지 않고 비논리적인 방법으로 자신의 주장이나 뜻을 관철하려고 할 때 발생한다.

9장에서는 논리학의 꽃이라 말할 수 있는 삼단논법에 대해 소개한다. 삼단논법은 두 개의 전제와 한 개의 결론으로 구성된다. 특히 각 명제들이 정언명제로 구성되었을 때 정언삼단논법이라고 말하는데, 이 장에서 정언삼단논법이 어떻게 전개되며, 정언삼단논법의 오류를 어떻게 이해해야 되는지를 배운다.

10장과 11장에서 명제와 논증을 기호(논리연산자)로 표시하여 진리값을 계산하는 기호논리학에 대해 소개하며, 기호로 표시된 논증의 진리표를 작성하는 방법과 이 진리표를 이용하여 논증의 타당성을 검사하는 방법을 다룬다.

이 책은 한 학기 과정으로 만들어졌으며 인문계와 자연계 학생 모두를 대상으로 한다. 오늘날과 같이 경쟁이 치열한 사회에서는 자신의 생각을 어떻게 논리적으로 표현하느냐가 매우 중요하다. 과거에는 선택형 답안지에 정답이라고 생각하는 것을 보기에서 고르는 방식으로 자신의 실력이 평가되었다. 그러나 지금은 자신의 지식을 논리적 사고와 표현 방법을 가지고 상대방에게 정확하게 그리고 효과적으로 전달하므로 실력을 평가받는다. 과거 주입식 교육에서 이제는 사고하고 추리(추론)하는 교육으로 점차적으로 전환되고 있는 추세이다. 즉 논리적 사고와 창의적 추리능력의 중요성이 새롭게 인식되고 있다고 하겠다.

이 교재는 논리학의 이론과 문법적인 부분이 중점적으로 강조된 책이다. 그러므로 이 책의 보조자료로 신문의 사설이나 논리적인 글들을 참고로 하여 논증적 글쓰기 연습과 주어진 논증을 자신의 언어로 재구성해보는 연습을 하면 좋을 것이다. 다음에 이와 같은 부족한 부분이 보완되도록 저자는 끊임없이 노력할 것이다.

마지막으로 이 책이 출판될 수 있도록 애써주신 경문사 편집부 및 관계자 여러분과 경문사 사장님께도 다시 한번 진심으로 감사를 드린다. 끝으로 이 책에 참고자료로 인용된 참고문헌의 저자들과 출판사 관계자께 감사와 양해의 말씀을 전한다.

2014년 7월
저자

차례

제5장 정언명제의 벤 다이어그램과 변형

제6장 언어의 기능

제7장 논증

제8장 오류

제9장 삼단논법

제10장 기호논리학–명제

제11장 기호논리학–논증

제1장

논리학의 역사

1.1 고대 논리학

아리스토텔레스는 고대 논리학의 틀을 세우는 데 핵심 역할을 한 개척자였다. 한편 논리학의 발전에 더욱 중요한 의미를 갖게 한 플라톤의 공리적 방법은 보통 자명한 것으로 여기는 원리를 상정해 놓고 그것으로부터 정리들을 연역해내는 방법이다. 또한 논리학 역사 가운데 서 빼놓을 수 없는 분야가 오류 논증인데 이 오류 논증은 참인 것으로 여기는 전제에서 타당할 것 같은 과정을 거쳐 거짓인 결론이나 모순된 결론을 이끌어내는 논증이다. 많은 사람들이 이 오류 논증의 착각에 빠져 자신의 잘못된 주장을 하기도 한다. 그래서 논리학을 공부하는 목적 중의 하나는 주장하는 자의 논증 속에서 오류 논증을 찾아 잘못된 결론에 이르게 하는 것을 막는 것이며, 또한 자신도 그런 오류에 빠지지 않도록 하는 것이다. 소크라테스에 의해 처음으로 소개된 정의 문제도 논리학의 한 분야에 포함된다.

아리스토텔레스는 언어에서 명사와 동사를 구별하고 이것들이 명제의 본질적 부분을 이룬다고 보았다. 그는 이 부분들의 특성에 따라 정언명제라고 부르는 4가지 명제형식으로 전칭 긍정, 전칭 부정, 특칭 긍정, 특칭 부정을 제시했다. 중세의 논리학자들은 이 명제형식들 각각에 A, E, I, O라는 이름을 붙였다.

정언명제들 사이의 관계를 다루는 아리스토텔레스의 삼단논법은 첫째, 대당관계, 둘째, 환위, 셋째, 타당한 삼단논법 형식을 포함한다. 아리스토텔레스 삼단논법의 가장 중요한 특징은 첫째, 논리학 역사상 처음으로 변항, 즉 명사표현을 대신하는 문자를 이용함으로써 삼단논법을 추론도식이 아니라 논리학의 직접적 원리로 만들었다. 둘째, 대당관계와 환위를 명시적으로 이용함으로써 논리학 역사상 최초의 연역체계를 구성해냈다.

테오프라스토스의 논리학 관련 저작은 현재 남아 있지 않지만 2차 문헌을 통해 볼 때, 그가 삼단논법을 체계화하는 데 중요한 역할을 했음을 알 수 있다. 논리학에 대한 테오프라스토스의 가장 큰 역할은 프로슬렙틱(prosleptic) 삼단논법이다. 프로슬렙틱 명제란 "모든 x에 대해 F(x)이면 G(x)이다"라는 형식의 표현이다. 예를 들어 "모든 x에 대하여, 모든 사람이 x이면 모든 x는 실체이다"와 같은 형식의 문장이 프로슬렙틱 명제인데, 여기서 x가 '모든 x에 대하여'라는 표현의 보편 양화사에 의해 수식되는 변항 역할을 하고 있다는 것이다.

1.2 중세 논리학

중세 초기 논리학은 이렇다 할 진전이 없었고 다만 법률과 신학을 공부하는 학생들에게 유용한 훈련을 시키는 부수적인 과목으로만 취급되고 있었다. 이러한 공백은 캔터베리의 성 안셀무스와 피에르 아벨라르 등에 의해 점차 메워지기 시작했다. 아랍에서도 논리학 연구가 상당한 수준이 이루어졌다. 아랍의 논리학자들이 아리스토텔레스의 논리학에 계속 관심을 가지면서 아리스토텔레스의 논리학에 관한 저술들을 엮어놓은 책 《오르가논(Organon)》을 9세기에 이미 대부분 번역되어 연구되었다. 중세 논리학의 큰 세 줄기는 비잔틴 · 아랍 · 스콜라 철학에서 비롯했다고 볼 수 있는데, 그 중 가장 큰 성과를 거둔 것이 스콜라 논리학이다.

스콜라 논리학자들은 언어에서 명제의 주어와 술어를 구별하고, 나아가 주어나 술어로 사용되는 표현을 범주적인 것(categoremata)이라 하여 '모든', '어떤', '각각' 따위의 공범주(syncategoremata) 적 표현과 구별했다.

중세 논리학자들은 변항을 사용하지 않았으며, 따라서 논리학적 원리를 표준 예문을 통해 제시하거나 메타 논리 용어로 기술할 수밖에 없었다. 한편 테오프라스토스와 스토아학파가 발전시킨 명제논리가 스콜라 학자들에게 전해졌으나 13세기에 이르러서야 '귀결 이론'이라는 형태로 재등장했다. 스콜라 학자들은 이 이론을 통해 연언 · 선언 · 함언 명제를 진리 함수적으로 해석했다.

1.3 근대 논리학

근대 초기 르네상스와 인문주의의 분위기에서는 논리학 연구가 발전하는 데 어려움이 없었다. 16세기 중엽에 등장한 반 아리스토텔레스적 논리학자 라무스는 논리학을 '토론의 기술'로 여기고 개념 · 판단 · 추론 · 증명 등을 다룬다는 점에서 논리학을 수사학 · 문법학과 구별했다.

근대 논리학은 17세기에 라이프니츠와 더불어 시작되어 수학과 밀접한 연관을 맺으며 발전했다. 라이프니츠는 논리학이 '보편수학'의 형식을 가져야 한다고 생각했다. 그는 사유의 요소들에 바탕을 둔 보편언어 내지 보편기호, 일반추리 계산법, 일반방법론 등을 구상했다. 라이프니츠는 숫자를 사용하여 단순개념을 나타내면 그 과학의 진리를 산술적 연산을 통해 계산할 수 있으리라고 생각했다. 라이프니츠는 두 가지 면에서 논리학의 발전에 이바지했다. 첫째, 수학적 방법을 아리스토텔레스의 삼단논법에 성공적으로 적용했으며, 둘째, 동일성과 차이에 대한 외연적 규정을 통해 연산을 논리적으로 해석함으로써 대수학의 부분들을 비 산술적으로 해석할 수 있음을 보여주었다. 삼단논법에 대한 새로운 접근과 비 산술적 해석이 가능한 대수학의 추구는 라이프니츠 이후 논리학 발전의 특징을 이루었다.

19세기 후반에는 논리학 역사에서 가장 주목할 만한 발전의 기초가 이루어졌다. 프랑스의 수학자 제르곤은 이미 1세기 전에 오일러가 착안한 기하학적 다이어그램의 발상을 체계화하여, 삼단논법의 어휘를 확장하고 그에 기초한 새로운 형태의 추론을 제시했다. 또 잉글랜드의 벤담과 스코틀랜드의 해밀턴은 술어의 양화를 포함하는 명제형식들을 구별했다. 삼단논법을 확장하려는 드모르간은 벤담과 마찬가지로 용어의 외연을 규정하는 기호와 부정을 나타내는 기호 등을 사용하여 정언명제 형식을 체계적으로 검토했으며, 이를 통해 확장된 삼단논법의 어휘를 사용하여 전제로부터 타당한 결론을 이끌어내는 순수한 구조 변형규칙을 제시했다.

비 산술적 해석이 가능한 대수학적 계산을 구성하려는 라이프니츠의 시도를 영국의 수학자 불이 발전시켰다. 불은 '진정한 계산'이란 잘 확립된 조합법칙에 따라 기호를 채택하는데 달려 있다고 보았으며, 라이프니츠와는 달리 이러한 형식적 계산은 서로 다른 해석을 허용할 수 있다고 생각했다. 미국의 퍼스는 불과 마찬가지로 명사표현 논리학과 명제논리학이 같은 논리대수학의 두 가지 다른 해석일 뿐이라고 생각했다. 퍼스는 프레게와는 별도로 명제논리학의 한 공리체계를 세웠으며, 논리대수학 안에서 정항의 진리치를 계산하는 진리표의 방법을 체계적으로 발전시켰다. 또 퍼스는 참·거짓 이외의 가치를 도입하려고 생각함으로써 20세기 다치논리학의 발전을 앞서 이룩했으며 양화기호 개념을 도입했다.

독일의 수학자이자 철학자 프레게는 자연수가 논리적 개념들로 환원될 수 있다고 여겼고, 따라서 산술은 논리학의 한 부분임을 보여줄 수 있다고 생각했다. 프레게는 일상적 용법에 의존하지 않는 기호언어를 고안하고, 공리적 방법을 사용하여 명제논리학 어휘들의 의미를 결정하려 했다. 또 보편양화기호로 변항을 구속하는 방법을 창안했다. 논리학 연구와 수학기초론에서 또 하나의 방향은 독일의 수학자이자 철학자 칸토어가 집합이론을 수학의 새로운 분야로 확립하는 것이다. 프레게가 수를 논리적 개념으로 환원하여 정의하고자 했던 반면, 칸토어는 집합의 크기를 나타내는 기수 개념을 사용했다.

1.4 20세기 논리학

20세기 초 러셀은 《수학원리(Principia Mathematica)》(1910~1913)라는 책을 펴냈다. 러셀은 이탈리아의 수학자·논리학자인 페아노의 연구 성과를 수용하여 산술을 논리학에서 도출함으로써 산술이 논리학의 연장임을 보여주려 했다.

논리학이 더욱 전문화하자 주로 그 단순성으로 인해 각광을 받게 된 것은 명제논리학이었다. 폴란드의 우카시에비치와 미국의 포스트, 오스트리아의 비트겐슈타인 등은 진리표의 방법을 더욱 발전시켰으며, 하버드 대학의 셰퍼와 프랑스의 니코는 명제 연결어(연언·선언 따위)를 상호 정의하고 기본어를 찾는 일에 크게 공헌하였다.

바르샤바 학파의 창시자 중 한 사람인 레시니에프스키는 명제 연결어 대신 함수적 변항을 사용할 수 있게 해주는 '프로토테틱'(protothetic)이라는 체계를 창안했다. 명사표현 논리학 분야도 러셀이 《수학원리》에서 제시한 포괄성의 이념에 영향을 받았다. 우카시에비치의 연구 결과 삼단논법은 공리화 되어서 현대적 연역이론의 형식을 갖추게 되었다.

논리학의 체계들이 공리화 되고 나자 논리학자들은 이 공리체계 자체를 검토하고 그에 대한 정리들을 증명하기 시작했는데, 이것이 메타 논리학의 시작이었다. 메타 논리학의 발전은 힐베르트의 메타수학 개념에 크게 힘입었다. 메타 논리학이 다루는 문제들은 매우 많고 다양하다. 여기에는 우선 공리의 독립성 문제와 공리체계 내에서 기본어의 정의가능성 문제, 연역적 체계의 일관성·완전성·결정가능성 문제 등이 있다.

제2장

개념

어떤 단어들을 떠 올리면 머릿속에 무엇인가가 떠오른다. 그것이 실물이든, 심상이든, 성질이든 그 단어에 적합한 무엇이 머릿속에 자리한다. 이때 생겨난 견해나 생각을 관념이라고 하고, 하나의 사물을 나타내는 여러 관념 속에서 공통적이고 일반적인 요소를 추출하고 종합하여 얻은 관념을 개념이라고 한다. 즉 어떤 사물로부터 비본질적인 것을 버리고 본질적인 것만을 뽑아 낸 것이 개념인 것이다. 간단히 말하면 개념이란 어떤 사물에 대한 일반적인 뜻이나 내용이다.

다음의 예문을 살펴보자.

"영희는 너무 어려서 아직 돈에 대한 개념이 없다."

어떤 실물에 대한 개념이 생기기 위해서는 그 실물에 대한 이해와 의미를 객관적으로 파악해야 한다. 영희에게는 천원이든 만원이든 단지 한 장의 종이로만 생각한다. 아직 돈에 대한 개념이 영희에게는 있지 않기 때문이다. 영희에게는 돈을 본 순간 머릿속에 한 장의 종이가 생각나게 된다. 어떤 실물이나 심상에 대한 개념이 생기기 위해서는 정확한 인식과 함께 지식이 필요하다는 것을 알게 된다.

급속한 문명의 발달은 계속해서 신개념을 만들어낸다. 과거에는 없었던 새로운 개념들이 탄생하는 것이다. 오래 전에는 돈이라는 개념이 존재하지 않았을 것이다. 돈의 개념도 문명이 만들어낸 신개념인 것이다.

사물의 특유한 속성이 우리의 감각기관을 통해 인식되어 사유라는 과정을 거쳐 개념화된다. 사유는 정확한 개념을 우리의 머릿속에 인식하게 하는 중요한 매개체이다. 특히 올바른 사유는 정확한 개념뿐만 아니라 앞으로 배우게 될 올바른 논증을 위해서도 중요한 역할을 한다. 사유, 즉 사고한다는 것은 인간만이 갖는 인간의 독특한 속성이며 다른 동물들과 현저히 구별되는 즉 인간이 만물의 영장이 될 수밖에 없는 특별한 요소인 것이다.

개념을 갖는다는 것은 이미 사유의 과정을 통해서 얻게 된 것이다. 그런데 머릿속에 자리 잡은 개념이 불명확하게 된다면 다른 사람과의 논쟁에서 문제가 발생하게 된다. 한마디로 의사소통에 어려움이 생기게 된다는 것이다. 타자와의 의사소통이 원활하게 이루어지기 위해서 서로 간의 대화 속에서 사용되는 개념들의 이해가 먼저 일치해야 한다. 또한 부정확한 개념의 이해는 자신의 주장을 왜곡시키거나 오해를 불러올 수도 있다. 그러므로 어떤 주제에 대한 논쟁을 하려면 먼저 개념에 대한 정확한 정의와 이해가 선결되어야 한다.

개념은 반드시 단어를 통해서만 표현된다. 개념은 사람들의 머릿속에 있는 사고의 내용이기 때문에 그것이 표현되려면 단어라는 표현방식으로 나타나게 된다.

이러한 개념과 단어의 불가분적 관계가 있지만 그 차이점은 개념이 사고의 기본형식이라면 단어는 언어의 기본형식이라는 것이다.

그러므로 모든 개념은 반드시 단어로 표현되지만 모든 단어가 개념을 가지지는 않는다. 예를 들어, 접속사나 조사 등은 개념을 가지지 않는다. 그러므로 개념을 먼저 정확히 알아야 하며 그 다음으로 개념에 적합한 단어를 사용하여 표현하는 것이 중요하다.

2.1 개념의 정의

"개개의 사물로부터 비본질적인 것을 버리고 본질적인 것만을 뽑아내는 사유의 한 형식" 또는 "사물, 현상에 대한 일반적인 지식이나 관념"이라고 말할 수 있다.

사과의 개념

『사과』라는 낱말을 들으면 '과일이다', '빨갛다', '탐스럽다', '부사', '육오', '홍옥' 등을 떠올리게 된다. 이렇게 사과에 대한 일반적인 생각 중, 개개의 사과에서 끄집어낼 수 있는 공통적인 성질이 사과의 개념이 된다.

어떤 사물을 인식하기 전까지는 객관적인 사물에 불과하지만 인식하고 머릿속으로 들어오면 개념이 된다. 사물에 대한 각자의 인식은 주관적일 수 있지만 논리학에서는 객관적인 인식만을 그 사물의 개념으로 정의한다.

다음은 인도 우화인 <장님과 코끼리> 이야기를 소개한다.
코끼리를 부분적으로 만진 시각장애인들에게 만진 것에 대해 각각 물었다.

배를 만진 사람 : 벽 같아!
엄니를 만진 사람 : 창인데~
코를 만진 사람 : 뱀이네요.
다리를 만진 사람 : 나무인걸.
귀를 만진 사람 : 부채야~
꼬리를 만진 사람 : 아니야, 틀림없이 밧줄이야.

이 예에서 인식의 중요함을 알려주고 있다. 어떤 사물에 대한 인식에 장애가 있다면 올바른 사고나 개념을 이끌어 낼 수 없음을 보여준다. 사물에 대한 인식에 아무런 장애가 없다고 하더라도 각자의 인식에는 주관적인 요인들이 작용할 수 있다. 그러므로 어떤 사물에 대한 객관적이고도 정확한 정의를 내리기 위해서는 정확한 개념화가 중요하다.

어떤 사고나 사물에 대하여 한 문화나 사회 전체 또는 개인에게 특유하게 고착화된 개념이 있다. 바로 고정관념이 그것이다. 이 고정관념은 사람의 마음속에 잠재하여 항상 머리에서 떠나지 않고 외계의 동향이나 상황의 변화에도 변혁되기 어려운 선입견 또는 편견이다. 따라서 고정관념은 객관적이거나 올바르지 않은 개념화의 한 예가 된다.

다음 예들은 고정관념화가 된 경우들이다.

별모양, 살색, 책 모양, 성(남, 여)에 대한 역할, 흑인과 백인, …

이런 고정관념들이 의식의 전환을 통해 천천히 변화되기도 한다. 시대를 앞서가는 사람들의 공통점은 이와 같은 고정관념을 뛰어넘었다는 것이다. 달걀을 세울 수 없다는 편견을 콜럼부스는 깼었다. 그런 태도가 콜럼부스가 아메리카 대륙을 발견하게 한 원동력이 될 수 있지 않았나 생각해본다. 한니발도 로마를 공격할 때 알프스를 넘었다. 그의 생각은 그 당시 아무도 예상할 수 없었던 공격루트였다.

어떤 사람이 꽃을 보았다고 하자. 꽃을 보는 순간 그 사람은 꽃에 대해 인식을 하게 된다. 그리고는 "꽃이 참 예쁘구나!"라고 말했다고 하면, 그 사람에게는 꽃의 개념에 대해 정확한 인식을 한 것이다. 그러나 꽃을 보고 과거 아픈 연인과의 이별을 떠올렸다면 그 사람에게는 꽃은 아픔이요 이별의 상징이 될 것이다. 그래서 꽃은 이별의 상징이 되어버린 사람에게는 아름다울 수가 없게 된다. 그렇다고 꽃의 개념이 슬픔이며 아픔의 상징인 것은 아니다. 이렇듯 개념은 각자의 주관적인 생각들을 배제하고 객관적이며 본질적인 것들을 나타내는 것으로 정의해야 한다.

예제 다음 단어들을 보고 머릿속에 떠오르는 개념을 말하시오.

(ㄱ) 부모, 형제, 친구, 사촌, …

(ㄴ) 개, 새, 물고기, 곤충, …

(ㄷ) 초등학생, 중학생, 고등학생, 대학생, …

풀이 (ㄱ) 인간관계의 개념

(ㄴ) 동물의 개념

(ㄷ) 학생의 개념

1) 개념의 구분

(1) 추상적 개념(abstract concept) : 사물의 속성에 관한 개념을 말하며 속성개념이라고도 한다. 인식의 대상이 아니라 인식자체를 말한다. 예를 들면 행복, 사랑, 슬픔, 기쁨, 부드러움, 딱딱함 등

(2) 구체적 개념(concrete concept) : 그러한 속성을 지닌 어떤 구체적인 사물을 말하며 대상개념이라고도 한다.

구체적 개념은 추상적 개념의 실체가 된다. 사물의 인식 자체가 아니라 인식대상을 말한다.

추상적 개념을 구체적 개념으로 변환하는 과정을 조작화라고 한다. 우리의 느낌을 구체적으로 말이나 글로 표현할 때 조작화가 이루어진다. 사람들과의 대화뿐만 아니라 기업 활동에서도 조작화는 매우 중요하다. 상품의 인지도나 충성도를 어떻게 구체적으로 나타낼 수 있겠는가? 즉 자사 상품에 대한 고객들의 호감을 기업입장에서 어떻게 이해하고 받아들여야 하는가? 라는 문제도 개념의 조작화에 의해 쉽게 해결될 수 있다.

예를 들면, 불쾌한 감정은 추상적인 것인데 이것을 구체적 개념으로 나타낸 것이 불쾌지수이다. 또한 뇌의 명석한 정도를 지능지수로 조작함으로써 측정될 수 있다. 선진국의 기준과 복지국가의 기준을 마련할 때도 조작화는 필요하다.

예를 들어, 연인 사이에 『사랑하는 정도』를 어떻게 구체적으로 표현할 수 있겠는가?이다.

다음 글을 읽어보자.

> "이성간의 오랜 만남은 어떤 책임을 가지게 한다. 이성간에 친구가 될 수 없다면 결혼을 전제로 사귀는 것이어야 한다. 그러나 남자친구의 사랑을 점점 의심하게 된다. 과연 이 사람이 아직도 나를 사랑하고 있는지 말이다."

이 여자는 남자친구가 자신을 『사랑하는 정도』에 대해 다음과 같이 구체화하여 짐작할 수 있을 것이다.

첫째, 일주일에 몇 번이나 사랑한다고 말하는가?

둘째, 하루에 몇 번 전화를 거는가? 통화시간은 전보다 짧아졌는가?

셋째, 한 달에 몇 번 선물이나 이벤트로 나를 감동시키는가?

위에서 추상적인 개념을 구체적인 개념으로 변환하는 과정을 조작화라고 정의하였다. 조작화의 의의는 개념을 이해하기 쉽도록 재 개념화하는 것이다. 그러므로 여러 사람이 혼동할 수 있는 개념을 정확한 기준을 마련하여 원래의 개념을 이해하여 기술, 설명, 예측, 통제 등으로 사용된다.

즉 조작화는 정확한 개념을 나타내기 위한 것이다. 반면에 명확하게 개념을 정의할 필요도 있다. 애매하거나 모호한 단어나 문구는 듣는 사람들의 입장에서 다양하게 해석될 수 있다. 그러므로 어

떤 문장 전체의 뜻을 이해하는 데 있어서 단어나 문구 하나하나에 대한 명확한 개념이 중요하다. 서로 간의 의견대립이 생긴다면 어떤 문제점이 있는가를 살피고 명확한 개념을 철저히 찾아야 한다. 개념을 어떻게 정의하고 어떻게 규정하는가?는 논리적 사유와 비판적 사유에서 특히 중요하다.

다음은 여야가 합의한 언론법안의 내용이다. 그러나 각자의 입장에 따라 서로 다르게 해석되고 있다.

> 여야는 언론 법안을 "사회적 논의기구에서 100일간 논의한 뒤 표결 처리한다."는 데 합의하였다. 그러나 각 정당과 사회단체에 따라 개념을 이해하는 데 입장 차이를 발견한다.
>
> A당은 사회적 합의기구가 아닌 사회적 논의기구에서 기껏해야 100일의 시간을 끌다가 언론악법을 표결처리 하려고 하며, B당은 국회의장의 직권상정으로 언론악법 강행처리를 막고 시간을 벌어 여론의 힘으로 저지하려고 한다. 시민사회단체들이 촉구한 사회적 합의기구는 기한을 정한 형식적인 논의기구가 아니고 언론법안이 우리 사회에 미치는 영향이 막대한 만큼 충분한 시간을 갖고 사회적인 합의를 도출하자는 것으로 해석하고 있다.

2) 개념의 분류

(1) 내포와 외연

모든 개념을 내포적, 외연적 방법으로 나타낼 수 있다.

내포란 개념이 지닌 의미와 내용을 말하며, 개념이 포함하고 있는 사물의 특유한 속성을 말한다. 주관적 요소의 개입을 허용하지 않으며 어떤 사물을 정의한다는 것은 그 대상을 반영하고 있는 개념의 내포를 밝히는 논리적 방법이다.

반면에 외연은 개념이 포함하고 있는 사물의 범위의 전체를 말한다. 그 개념이 지시하는 부류의 구성원 전체이다.

예를 들어, 『고양이』란 개념의 내포를 생각해보자.

> 고양이는 "털이 부드럽고, 다리가 4개이며, 특정한 방법으로 움직이고, 아기울음 비슷한 소리를 내는 동물이다."라고 정의할 수 있다. 이 정의가 고양이의 내포에 해당한다. 그래서 어떤 대상의 내포를 말할 때 화자의 주관적 요소가 개입돼서는 안 된다. 누구나 다 객관적으로 공감할 수 있어야 하며 내포에 의해 하나의 개념이 머릿속에 떠올라야 한다.

외연은 명사나 명사형이 지시하는 부류의 구성원이므로 『고양이』의 외연은 고양이 자체로서 세상에 있는 모든 고양이로 구성된다. 고양이를 종류별로 나열해보면 샴, 아메리칸 숏헤어, 망스, 버어만, 페르시안, 아비시니안, 싱가푸라 등이 있다. 한 개념의 외연은 공동체 구성원 사이에서 전형적으로 사용하는 동일한 것을 말한다.

종합적으로 내포는 개념의 깊이를 말하고 있다면, 외연은 개념의 넓이에 대해 말해주는 방법이다.

내포적 개념을 전개시켜 사물의 본질을 무엇이라고 규정 지우는 것을 정의(definition)라고 하고, 그 외연을 전개시키는 것을 분류(classification)라고 한다.

예제 『동물』의 내포를 말하시오.

풀이 동물의 속성을 나타내는 것으로써 운동, 감각, 신경 등의 기능이 있는 생명체이다.

예제 『동물』의 외연을 말하시오.

풀이 동물의 범위에 포함되는 모든 개체를 나열하면 되는 데 사실 모든 구성원을 포함시키는 것은 불가능하다. 동물의 외연을 사람, 소, 개구리, 사자, 새, 참치, 풍뎅이 … 등으로 나열하면 된다. 내포는 수학에서 집합을 표현하는 방법 가운데 조건제시법에 해당하며, 외연은 원소나열법에 해당된다.

예제 집합 {x∈자연수| 0 < x < 5}을 원소나열법으로 나타내시오.

풀이 {1, 2, 3, 4}

예제 『대한민국 학교』의 내포와 외연을 말하시오.

풀이 내포와 외연을 집합으로 나타내면 다음과 같다.
내포는 {학교 | ① 일정한 목적, 설비, 제도 및 법규에 의거하여, 교사가 계속적으로 학생에게 교육을 실시하는 기관 ② 대한민국에 있다}이며, 외연은 {모든 초등학교, 중등학교, 고등학교, 대학교, …}이다.

예제 『대한민국에 있는 모든 공립 초등학교』의 내포를 말하시오.

풀이 {학교 | ① 일정한 목적, 설비, 제도 및 법규에 의거하여, 교사가 계속적으로 학생에게 교육을 실시하는 기관 ② 대한민국에 있다 ③ 8살이 되어 처음 들어가는 곳 ④ 국가가 운영하는 곳}

예제 『가족』에 대한 내포적 개념과 외연적 개념을 말하시오.

풀이 가족의 내포는 혈연관계나 혼인, 입양 등으로 맺어지는 집단이다.
외연은 할아버지, 할머니, 아버지, 어머니, 형(오빠), 누나(언니), 동생 등이다.

(2) 유개념과 종개념

상대적으로 어떤 개념이 다른 개념보다 상위에 있을 때 상위에 있는 개념을 유개념이라고 한다.

유개념을 상위개념이라고도 한다. 반면에 자신의 상위개념인 유개념에 포함되는 개념을 종개념이라고 한다. 그런 의미에서 종개념을 하위개념이라고도 말한다. 두 개념은 포함관계로 설명할 수 있다. 즉 다른 개념을 포함하는 개념이 유개념이며, 다른 개념에 포함되는 개념이 종개념이다.

예를 들어, 『인간』은 상위개념으로서 『연예인』를 포함하고 『연예인』은 하위개념으로 『인간』에 포함된다. 이때 두 개념 가운데 다른 개념을 포함하는 『인간』이 유개념이 되고, 다른 개념에 포함되는 『연예인』이 종개념이 된다.

예제 유개념과 종개념을 가진 단어를 찾아보시오.

> "동물의 왕국에서는 사자가 왕이다. 그러나 동물원 우리에 갇힌 사자에게서는 왕의 위엄보다는 구경거리가 된 슬픈 운명이 느껴진다."

풀이 여기서 『동물』이 유개념이 되고 『사자』가 종개념이 된다. 왜냐하면 동물의 외연 가운데 사자가 포함되기 때문이다.

다음은 유개념과 종개념과 관련된 컴퓨터 파일폴더에 얽힌 재미있는 이야기다.

> 어느 대학에 컴맹인 교수가 있었다. 어느 날 그 교수는 자신의 컴퓨터에 바이러스가 감염되어 고장이 났다는 사실을 알게 되었다. 그래서 그 교수는 컴퓨터 수리기사를 불렀다. 수리기사는 컴퓨터 파일을 살펴보다가 파일이름이 전부 독수리, 앵무새, 까치, 비둘기, 참새 등 모두 『새』 이름으로 되어 있다는 사실을 발견했다. 수리기사는 교수가 아마도 새를 연구하는 사람이라고 생각하고는 "새를 남달리 사랑하시나 봐요?"라고 물었다. 그러자 그 교수는 "이보게 젊은이, 왜 파일을 저장할 때 마다 꼭 『새』 이름으로 저장하라고 하는 거지? 더 이상 생각나는 『새(birds)』 이름도 없는데 말이야!"라고 대답하였다고 한다.

그런데 유개념과 종개념의 구분이 고정된 것이 아니라 상대적인 것임을 기억해야 한다. 예를 들어, 『인간』이 유개념이 되고 『연예인』이 종개념이 되지만, 『가수』나 『개그맨』이라는 개념과 『연예인』이라는 개념을 비교하면 『가수』나 『개그맨』은 종개념이고, 『연예인』은 유개념이다. 그러므로 두 개념은 비교하는 개념에 따라 상대적으로 유개념이 되기도 하고 종개념이 되기도 한다.

유개념과 종개념의 예들을 살펴보자.

(가) 꽃과 장미

(나) 새와 비둘기

(다) 물과 얼음

(라) 식물과 잣나무
(마) 학교와 대학교

2.2 개념의 종류

1) 동일개념(identical concept)

동일개념이란 내포와 외연이 완전히 일치되는 두 개념을 말한다. 단지 명칭만 다를 뿐이다.

예를 들면, 서울과 대한민국의 수도, 등변삼각형과 등각삼각형, 양친과 부모는 동일개념이다.
반면에 사회주의 국가와 공산주의 국가는 동일개념이 아니다. 사실 사회주의 국가가 공산주의 국가보다 더 포괄적인 개념이다.

예제 동일개념을 가진 단어를 찾아보시오.

> "심한 상처를 입은 한 어린 아이가 고통스러워하며 병원 침대에 누워 있다. 아무런 죄도 없이, 어른들이 일으킨 전쟁 때문에 그렇게 된 것이었다. 그 장면을 텔레비전 화면으로 본 한 아동이 몹시 슬퍼하며 눈물을 흘렸다."

풀이 동일개념으로 사용된 단어는 『어린 아이』와 『아동』이다. 둘 다 같은 의미를 가지고 있는 동의어이다.

동일개념의 예들을 살펴보자.
(가) 태양과 해
(나) 동무와 친구
(다) 별과 항성
(라) 혹성과 행성
(마) 의복과 옷
(바) 선생님과 교사

2) 다른개념(동음이의어)

동일한 단어로 표현되지만 전혀 다른 의미로 사용되는 개념을 말한다.

예제 다른개념을 가진 단어를 찾아보시오.

> "말을 타고 달리는 남자는 웃고 있었다. 멀어져 가는 그 남자의 뒷모습을 보고 여자는 혼자 중얼거렸다. '떠나는 것이 그렇게 좋아? 하지만 당신은 언젠가 돌아올 거야. 그러리라 믿고 나는 기다릴 거야~ 그녀의 말을 알아들은 사람은 아무도 없었다."

풀이 "말을 타고 달리는 …"의 말은 가축의 종류로서 교통수단으로 이용되는 말을 의미하고, "그녀의 말을 알아들은 …"에서의 말은 의사를 전달하는 수단으로써의 말을 의미한다.

다른개념의 예들을 살펴보자.

(가) 먹는 『밤』과 깜깜한 『밤』

(나) 과일 『배』와 교통수단으로의 『배』

(다) 사람의 감각기관 『눈』과 겨울에 내리는 『눈』

(라) 눈이 『멀다』와 거리가 『멀다』

3) 반대개념(contrary concept)

반대개념이란 분량이나 정도의 차이를 가진 개념으로서 그 중간 개념을 허용할 수 있는 개념이다. 한 유개념에 종속되는 두 종개념의 관계이며, 두 종개념의 외연은 서로 배타적이다. 또한 유개념의 외연과 두 종개념들의 외연의 합이 다르다. 모순개념과 혼동할 수 있으므로 각별히 주의해야 한다. 모순개념에 대해서는 뒤에 설명할 것이다.

예제 반대개념을 가진 단어를 찾아보시오.

> "약한 친구들을 괴롭히는 못된 학생이 있다. 그런데 그 학생의 부모는 자기 자식은 더 없이 착한데 함께 어울리는 친구들이 나쁘다며 『검은』 까마귀 노는 곳에 『흰』 백로가 가면 안 된다고 말했다."

풀이 『흰색』과 『검은색』은 색(color)의 종개념으로 두 종개념을 합해도 유개념인 색의 외연이 될 수 없다. 색의 외연이 흰색과 검은 색을 합해도 더 크다.

반대개념의 예들을 살펴보자.

(가) 크다와 작다(유개념은 크기)

(나) 높다와 낮다(유개념은 높이)

(다) 깊다와 얕다(유개념은 깊이)

(라) 넓다와 좁다(유개념은 넓이)
(마) 어른과 아이(유개념은 연령)
(바) 많다와 적다(유개념은 양)

4) 모순개념(contradictory concept)

모순개념은 서로 부정하여 둘 사이에 중간 개념을 허용하지 않는 두 개념을 말한다.

모순개념은 한 유개념에 속하는 두 종개념의 외연이 완전히 서로 다른 관계를 말한다. 즉 두 종개념의 외연을 합한 것이 그 유개념의 외연과 같은 경우에 해당된다.

유개념의 제3의 종개념이 존재하지 않는다.

예를 들면, 『여자』와 『남자』는 모순개념이다. 두 개념의 외연은 완전히 다르며, 이 두 개념을 합하면 유개념인 『사람』과 일치된다.

예제 모순개념을 가진 단어를 찾아보시오.

> "또래에 비해 그는 아는 것이 많았고 또 몸가짐도 어른스러웠다. 생김새만 놓고 볼 때 사람들은 그가 미성년자임을 의심하지 않았지만, 그가 하는 말이나 행동을 보고는 성년자라고 믿을 정도였다. 그와 달리 세상에는 생김새는 어른인데 행동은 어린아이 같은 사람이 있다."

풀이 『미성년자』와 『성년자』는 서로 모순개념이다. 두 개념의 유개념은 사람이고, 미성년자와 성년자를 합하면 유개념인 사람이 된다.

모순개념의 예들을 살펴보자.
(가) 생물과 무생물
(나) 남자와 여자
(다) 삶과 죽음
(라) 천국과 지옥
(마) 위와 아래
(바) 겉과 안

5) 교차개념(cross concept)

교차개념은 두 개념의 근본적인 의의는 다르나 그 외연의 일부가 같은 개념이다.

두 개념의 외연의 일부분이 서로 교차되는 개념을 말한다. 집합으로 표현하면 두 집합(개념)의 교집합이 공집합이 아닌 것을 의미한다.

예를 들면, 『청년』과 『대학생』은 교차개념이다. 청년이면서 대학생인 경우가 존재하기 때문이다. 대학생이면 모두 청년인 것은 아니다. 만일 그렇다면 두 개념의 관계는 다음에 소개할 대소개념이 될 것이다. 그러나 대학생 가운데 나이 많은 사람들도 있을 수 있다. 일반적으로 고등학교까지는 일정한 나이로 제한되어 있지만 대학생부터는 나이의 제한이 없다.

교차개념의 예들을 살펴보자.
(가) 학자와 교육자
(나) 학생과 여자
(다) 청년과 학생

6) 대소개념

대소개념이란 한 개념의 외연이 다른 개념의 외연 속에 완전히 포함되는 것을 말한다. 여기서 포함되는 작은 개념은 포함하는 큰 개념의 일부분이 된다.

예를 들어, 『학생』과 『대학생』은 대소개념이다. 학생의 외연이 대학생의 외연을 포함하기 때문이다.

대소개념의 예들을 살펴보자.
(가) 학생과 초등학생
(나) 성인과 청년
(다) 기업과 중소기업
(라) 여자와 소녀

예제 다음의 두 개념이 어떤 관계를 가지는지 말해보시오.

(ㄱ) 파란색과 빨간색	(ㄴ) 여자와 학생
(ㄷ) 있다(유)와 없다(무)	(ㄹ) 미국의 수도와 워싱턴
(ㅁ) 학자와 정치인	

풀이 (ㄱ) 반대개념 (ㄴ) 교차개념 (ㄷ) 반대개념 (ㄹ) 동일개념 (ㅁ) 교차개념

〈연습문제〉

1. 추상적 개념인 『학습능력』을 구체적 개념으로 조작화하시오.

2. 『복지국가』를 구체적 개념으로 조작화하시오.

3. 『대한민국 국민』의 내포와 외연을 설명하시오.

4. 『대학교』의 유개념과 종개념을 말해보시오.

5. 밝음과 어두움의 관계는 어떤 개념인가? 그리고 두 개념의 유개념을 말하시오.

6. 두 개념의 관계에 해당하는 것을 다음 보기에서 고르시오.

보기

(ㄱ) 동일개념	(ㄴ) 다른개념	(ㄷ) 반대개념
(ㄹ) 모순개념	(ㅁ) 교차개념	(ㅂ) 대소개념

(1) 식용식물과 종자식물
(2) 오른쪽과 왼쪽
(3) 생물과 동물
(4) 동생과 아우
(5) 군인과 군의관
(6) 친가와 외가
(7) 국가와 민족
(8) 양극과 음극
(9) 못(pond)와 못(nail)

7. 개념의 외연과 내포에 대하여 설명하고 내포량과 외연량의 관계 및 한정과 개괄을 간단히 기술하시오.

제3장

정의

정의란 한마디로 언어로 표현하거나 규정하는 과정을 말한다. 개념을 명료하게 이해하고, 언어로 표현하여 규정하는 과정을 통해서만, 개념을 공유할 수 있다. 이러한 개념을 언어로 명확히 표현한 것이 정의이다. 다시 말하자면 어떤 사물의 개념을 내포적 방법에 의해 명확하고도 간단하게 논리적으로 규정하는 것을 말한다. 이때 개념을 언어로 표현하게 된다.

정의의 형식은 "A는 C라는 성질을 갖는 B이다."이다. 이때 A를 피정의항이며, C와 B를 정의항이다. 즉 정의는 정의되는 대상인 피정의항과 정의하는 내용인 정의항으로 구성된다.

3.1 정의 규칙

1) 규칙 I

정의항은 피정의항에 가장 가까운 상위개념이어야 한다.

즉 피정의항을 설명하는 상위개념이 피정의항보다 지나치게 좁거나 넓어서는 안 된다(정확성).

예를 들어, 『새』를 정의할 때 "새는 하늘을 나는 조류이다."라고 정의한다면 닭이나 타조와 같은 동물들은 하늘을 날지 못하기 때문에 조류에서 제외된다. 이것은 『새』를 너무 좁게 정의했기 때문이다. 반대로 "새는 날개가 있는 조류이다."라고 정의한다면 『새』를 너무 넓게 정의했기 때문에 조류가 아닌 박쥐가 새에 포함된다. 그러므로 피정의항을 정의할 때 너무 좁거나 넓지 않도록 정확하게 정의해야 한다. 새의 사전적 정의는 "척추동물인 날짐승을 통틀어 이르는 말"로 정의하고 있다. 그러나 이와 같은 사전적 정의는 앞에서도 언급했듯이 너무 넓게 정의한 것으로 정확한 정의라고 말할 수 없다.

만일 새를 난생이라고 정의한다면 어떤 문제가 발생하겠는가? 난생은 알을 낳는 동물을 말하는 것으로 조류이외에도 파충류와 심지어 포유류 가운데서도 알을 낳는 동물(오리너구리)이 있다. 그러므로 조류를 알을 낳는 동물이라고 정의하는 것은 적당하지 않다. 그렇다면 부리가 있는 동물이라고 정의한다면 또 어떤 문제가 발생하겠는지 생각해보자. 보통 부리가 있는 동물은 조류이다. 그러나 오리너구리나 시조새는 부리가 있는 조류가 아닌 동물이다.

2) 규칙 II

모호하거나 비유적인 표현이나 묘사를 사용해서는 안 된다(명확성).

예를 들어, "석탄은 공업의 양식이다." 라든가 "독재는 필요한 악이다."라고 정의한다면 이것은 정의의 명확성을 위반한 것이다.

『석탄』을 명확하게 정의하면 "석탄은 태고 때의 식물이 땅속 깊이 묻히어 오랫동안 지압과 지열을 받아 차츰 분해하여 생긴 타기 쉬운 퇴적암"이다.

3) 규칙 III

피정의항이 정의항 중에 되풀이 되어서는 안 된다(비순환성).

예를 들어, "독재자는 독재를 하는 사람이다."라든가 "과학자는 과학을 하는 사람이다."라고 정의한다면 이것은 정의의 비순환성을 위반한 것이다. 독재자에 대한 어떤 정보도 주지 않고 있다. 단지 독재라는 단어가 정의항에서 되풀이해서 나타나고 있다.

『독재자』를 올바르게 정의하면, "독재자란 개인 또는 집단이 모든 권력을 쥐고 독단적으로 지배하는 사람"이다.

4) 규칙 IV

피정의항이 부정이 아니면 정의항이 부정적이어서는 안 된다(긍정성).

예를 들어, "아가씨는 결혼을 하지 않은 여자이다."라든가 "연필은 지우개가 아니다."라고 정의한다면 이것은 정의 규칙의 긍정성을 위반한 것이다. 아가씨를 긍정적으로 정의하면 "시집갈 나이의 여자를 이르거나 부르는 여자"이다. 연필은 "흑연과 점토의 혼합물을 구워 만든 가느다란 심을 속에 넣고 겉은 나무로 둘러싸서 만든 필기도구"이다.

그러나 『고아』나 『과부』는 그 자체에 부정적인 의미를 포함하고 있기 때문에 긍정적으로 정의해야 한다는 규칙에서 예외가 된다. 그래서 고아는 "부모가 없는 아이"라고 정의할 수 있다. 물론 부모가 없는 경우라는 것이 부모가 사망했거나 부모로부터 버림받아 함께 살지 않는 경우 등이 있을 것이다. 그래서 『고아』를 좀 더 구체적으로 정의해보면, "친부모로부터 버림받았거나 친부모가 사망 혹은 행방불명되어 부모가 없이 살아야 하는 어린아이"이다.

플라톤의 『사람』에 대한 정의

플라톤은 "사람이란 두 발로 서서 걸어 다니는 털 없는 동물이다."라고 정의했다.
철학자 디오게네스는 털 뽑은 닭을 가지고 플라톤에게 와서 "이것이 당신이 말하는 사람이요."라고 화를 내었다고 한다.
개념의 명확화는 비판적 사고의 시작이며 오해의 소지를 없애주고 더 나아가 성공적인 논쟁을 할 수 있도록 만든다.

예제 다음 글에 대해 비판적 사고를 가져보고 명확한 개념이 필요한 낱말을 정의해보시오.

> 인간의 행위를 평가하는 원칙은 개별행위가 결과적으로 최대의 유용성 또는 다른 행위보다 더 많은 유용성을 산출해야 한다는 것이다.
>
> 내가 영수의 요청대로 10점을 더 준다면 최대의 유용성이 산출될 것이다. 우선 영수는 졸업할 수 있을 것이고 약속된 직장을 얻어 남편, 아버지로서의 역할을 제대로 할 수 있을 것이다. 그러므로 영수와 그의 가족에게는 당연히 이익이 될 것이다. 한편 다른 학생들의 점수에는 아무 변화도 없을 것이므로 영수가 발설하지 않는 한 아무도 나를 비난하지 않을 것이다. 또 행위의 도덕성은 최대의 유용성에 있으므로 나는 양심의 가책을 느낄 필요가 없다. 따라서 영수에게 10점을 더 주는 것은 옳은 일이다.

풀이 위의 글에서 유용성과 도덕성의 개념들을 먼저 명확히 정의해보고 위의 글에 대한 비판적 사고를 개진해보겠다.

유용성은 소용에 닿고 이용할 만한 특성을 말한다. 사용되는 예를 몇 가지 들면,

(가) “그는 전문가라 이 사업에는 유용성이 있다.”

(나) “의사소통에 있어 언어의 유용성을 의심하는 사람은 없다.”

도덕성은 선악의 견지에서 본 인격, 판단, 행위 따위에 관한 가치를 말한다.

교수는 도덕성을 최대 유용성에 있다고 주관적으로 정의를 내리고 있다. 자신의 불의를 합리화 하려는 의도가 있는 것이다. 다른 사람에게 피해를 주지 않는다고 해서 도덕성에 문제가 되지 않는다는 논리는 위에서 정의한 도덕성에 위배된다고 할 수 있다. 도덕성의 기준은 선악이 기준이지 다른 사람의 피해 유무에 달려 있는 것이 아니라는 것이다. 교수가 학생의 최대 유용성을 위해 10점을 더 준다고 했는데 10점을 더 준 것과 학생이 그 결과로 학교, 사회, 가정 등에서 자신의 몫 이상의 효과를 발휘하는 것과는 논리적 상관성이 없다.

예제 다음 교수와 종업원 사이에 나눈 대화 내용 중에 어떤 문제가 있는지를 찾아보시오.

> 어느 회사원이 서울로 출장을 가서 모텔에 묵게 되었다. 여러 모텔이 있었으나 그는 기왕이면 <독탕완비>라는 간판이 있는 모텔을 선택했다. 그러나 안으로 들어가 보니 탕 안에는 여러 명이 함께 목욕하고 있었다. “이게 독탕이야?” 하고 항의하자 종업원은 귀찮다는 듯이 “혼자 목욕하면 독탕이지, 누가 여럿이 함께 하라고 했어요?”라고 말했다.

풀이 종업원은 독탕에 대해 정의를 잘못 내리고 있다. 그는 독탕은 혼자 목욕하는 곳이고 대중탕은 여럿이 함께 목욕하는 곳이라고 말한다. 그러나 혼자 목욕한다고 해서 독탕이 되는 것은 아니다. 독탕과 대중탕은 목욕하는 사람의 수에 의해 결정되는 것이 아니라 어떤 용도로 그것을 만들었는가에 달려 있는 것이다.

정의는 새로운 사실이나 특정한 대상을 지칭하기 위해 새로운 어휘를 만들고자 할 때 사용할 수 있다.

일본 강점기 때는 『도시락』을 『벤또』라고 불렀다. 오늘날에도 일본잔재가 아직도 남아 그렇게 부르는 사람들이 있다. 해방을 맞고 얼마 되지 않았을 때는 『벤또』를 대신할 우리말이 없었기 때문에 오랫동안 사용해왔었다.

그래서 누군가가 『벤또』를 대신해서 『도시락』이란 단어를 만들어 지금까지 사용하게 된 것이다. 시대의 변화에 따라 언어가 새롭게 생겨나며 또한 소멸되기도 한다. 그러므로 언어는 그 시대의 문화를 반영하는 척도가 되어 언어연구를 통해 시대적 변천사를 알게 된다.

3.2 정의 방법

1) 유개념과 종차에 의한 정의

A를 “A는 C라는 성질을 갖는 B이다.”라고 정의했다고 하자.

여기서 B는 A의 유개념이며 A는 B의 종개념이다. 주의할 점은 A의 유개념으로서 B를 말할 때 가장 가까운 유개념 B를 말해야 한다. C는 A를 포함하는 B의 모든 종개념들 가운데 A만이 가지고 있는 특징을 말한다. 즉 C는 A의 특징이며 변별적 요소들을 말하며 C를 종차라고 말한다. 그러므로 정의의 형식을 다시 세분화하면 B의 종개념으로서 A와 B의 다른 종개념들과 구별되는 A만의 특징인 종차C, 그리고 A와 가장 가까운 유개념인 B로 이루어진다.

예를 들어, “호랑이는 인도와 아시아의 숲 속에서 토착하는 크고 얼룩무늬가 있으며 몸집이 큰 고양잇과의 동물이다.”라고 정의했을 때 『호랑이』는 피정의항이고 이것을 제외한 모든 서술부는 정의항이 된다. 호랑이의 유개념으로서 동물이나 생물 등이 있을 수 있으나 가장 가까운 유개념은 고양잇과 동물이 될 것이다. 또한 고양잇과 동물의 여러 종개념들(사자, 호랑이, 살쾡이, 표범, 치타, 고양이, …) 가운데 하나인 『호랑이』를 다른 고양잇과 동물들과 구별하기 위해서 숲 속에 살며, 얼룩무늬가 있으며 몸집이 큰 동물로 구별하였다. 이것은 호랑이가 다른 고양잇과 동물과 구별되는 종차이다.

예제 『정사각형』을 피정의항(종개념)과 정의항(종차와 유개념)으로 정의하시오.

풀이 『정사각형』의 가장 가까운 유개념은 사각형이다. 사각형의 종개념들은 정사각형, 직사각형, 평행사변형, 마름모꼴 등이 있다. 이들 가운데 정사각형만이 가지고 있는 특징을 살펴보면 평행사변형이나 마름모꼴과 구별하기 위해 네 각이 직각이라고 하면 될 것이다. 그러나 네 각이 직각이라고 정의하면 직사각형과 구별이 안 된다. 그래서 직사각형과 구별하기 위해 네 변의 길이가 동일하다고 정의하면 될 것이다. 이것을 정리하여 정의하면 "정사각형은 네 변의 길이가 동일한 사각형이다."이다. 이때 네 변의 길이가 동일한 것이 종차가 되며, 사각형이 정사각형의 유개념이 된다.

예제 『문학』을 유개념과 종차에 의해 정의하시오.

풀이 아름다움을 표현하고 창조하는 일에 목적을 두고 작품을 제작하는 모든 인간 활동과 그 산물들 가운데 하나로써 『문학』이란 장르가 있다. 그러므로 문학의 유개념은 『예술』이다. 그 다음으로 예술의 종개념들을 살펴보면 다음과 같은 것들이 있다.

음악, 뮤지컬, 연극, 팬터마임, 무용, 미술, 영화, 행위예술, 사진, 만화, …

『음악』은 인간의 사상과 감정을 주고 음으로 나타내는 예술이다.

『연극』은 무대에서 연기를 통해 전달하는 예술이다.

『팬터마임』은 배우가 대사 없이 몸짓과 표정만으로 내용을 전달하는 예술이다.

『무용』은 사람의 몸을 소재로 하여 육체의 내적, 외적 행동을 통해 감정과 상황 등을 표현하는 예술이다.

『미술』은 미를 표현하기 위해 시각에 호소하는 예술이다.

『영화』는 어떤 사실이나 극적 내용을 연속 촬영한 필름에 담아 영상으로 보여줌으로써 감동을 주는 예술이다.

『행위예술』은 미술의 개념을 육체적인 행위로 표현하는 예술이다.

『사진』은 광학적 방법으로 감광 재료 면에 박아 낸 물체의 영상으로 표현한 예술이다.

그렇다면 『문학』이 다른 예술과 구별되는 것이 무엇인가를 찾아내는 것이 종차이다. 그것은 언어로 예술을 표현하는 것이다. 그러므로 "문학은 사상이나 감정을 상상의 힘을 빌려 언어로 표현한 예술이다."라고 정의된다.

2) 외연적, 내포적 정의

(1) 외연적 정의

피정의항이 지칭하는 부류의 구성원을 지적함으로써 의미를 용어에 지칭하는 방법이다. 즉 피정의항의 구성원을 가지고도 정의할 수 있다. 외연적 정의방법에는 지시적 정의, 매거적 정의, 하위 부류에 의한 정의가 있다.

(가) 지시적 정의

지시적 정의는 가장 원시적인 방법으로 피정의항이 되는 사물을 손으로 지적하는 행위로 정의하는 방법이다.

예를 들어, 하늘에 떠 있는 태양을 손가락으로 가리키면서 "이것이 바로 태양이야!"라고 『태양』을 정의할 수 있다. 그러나 지금 당장 지적할 수 있는 대상이 없는 경우, 지시적 정의방법은 한계를 가진다. 만일 『캥거루』를 이 방법으로 정의하려고 할 때, 만일 캥거루가 동물원에 있지 않다면 우리는 캥거루를 정의하기 위해 호주로 가야만 할 것이다.

그러나 지시적 정의방법이 어떤 사람에게는 유일한 개념습득방법이 되기도 한다. 시각, 청각 그리고 언어장애를 앓고 있었던 헬렌 켈러는 스승 설리번의 지시적 정의방법에 의해 훌륭한 사회복지사로 성장할 수 있었다.

> "시작하고 실패하는 것을 계속하라. 실패할 때마다 무엇인가 성취할 것이다. 내가 원하는 것을 성취하지 못할지라도 무엇인가 가치 있는 것을 얻게 될 것이다." (Anne Sullivan)

(나) 매거적 정의

매거적 정의는 해당되는 개념(피정의항)의 외연을 열거하는 방법이다. 피정의항이 지칭하는 부류의 구성원의 이름을 들면서 의미를 지정한다.

예를 들어, 책상, 의자, 식탁, …등을 말하면 이것들이 지칭하는 개념이 가구라는 것을 알게 된다. 또한 베어스, 와이번즈, 트윈스, 라이온스, 자이언츠, 이글스, 타이거즈, 히어로즈, 다이노스를 말하면 이것은 한국 프로야구팀이라는 것을 알게 된다.

예제 징, 꽹과리(쇠), 장구, 북으로 연주하는 음악형식을 무엇이라고 하는가?

풀이 1978년에 처음으로 국악 타악기 4종으로 연주하기 시작하였으며, 『사물놀이』라는 이름이 그때 붙여졌다.

(다) 하위부류에 의한 정의

하위부류에 의한 정의는 용어가 지칭하는 하위부류(하위개념)의 이름을 열거하면서 의미를 지정하는 방법이다.

예를 들어, "잣나무, 소나무, 삼나무, …"라고 열거하면 침엽수에 대해 말하고 있음을 알게 된다. 그리고 "돌, 향유, 범, 블루, 밍크, 그레이, …"이라고 하면 고래에 대한 것임을 알게 된다.

(2) 내포적 정의

내포적 정의는 낱말이 내포하는 성질이나 속성을 지시함으로써 의미를 낱말에 지정하는 방법이다. 내포적 정의방법에는 동의어적 정의, 실험적 정의, 유개념과 종차에 의한 정의가 있다.

(가) 동의어적 정의

동의어적 정의는 피정의항과 동의어인 정의항으로 나타내는 방법이다.

예를 들어, Physician을 대신하여 Doctor라고 정의한다거나, Liberty를 대신하여 Freedom으로 정의하는 방법이다. 동의어적 방법은 좀 더 쉽고 이해하기 쉬운 용어로 대신하여 설명하는 것이다.

(나) 실험적 정의

실험적 정의는 특정한 실험적 절차를 구체화해서 의미를 낱말에 지정하는 방법이다.

예를 들어, 어떤 용액이 산성인지를 정의하기 위해 맛을 볼 수는 없을 것이다. 보통 산성하면 신맛이 난다고 생각하기 때문이다. 그러나 황산과 같은 화학물질의 맛을 보다간 큰 피해를 입게 된다. 그래서 용액의 산성과 염기성을 증명하기 위해 리트머스 종이로 테스트한다. 산성용액인 경우 푸른 리트머스 종이가 붉게 변하고, 염기성 용액은 붉은 리트머스 종이를 파랗게 변화시킨다. 이와 같은 방법을 실험적 정의라고 한다.

3.3 정의의 종류

1) 약정적 정의

약정적 정의는 새로운 용어를 도입하는 사람이 그 용어의 의미를 적절하게 지정하거나 오래된 의미에 새로운 의미를 부여하는 것이다. 새로운 낱말을 창안하거나 오래된 의미에 새로운 의미를 부여하는 것이다.

예를 들어, 『Tigon』이란 낱말은 수컷 호랑이와 암컷 사자 사이에서 태어난 새끼를 말하고, 『Homo Telephonicus』는 휴대폰 중독 증세를 보이는 현대인들을 지칭한다. 그 이외에도 e-mail이나 CEO와 같은 용어도 약정적 정의에 해당된다. 또한 새로운 용어로 다시 정의되거나 그 의미가 확장된 경우도 있다.

예를 들어, 『콘셉트』(concept)는 개념이나 관념이란 의미를 가진 외국어다. 그러나 지금은 어떤 작품이나 제품, 공연, 행사 따위에서 드러내려고 하는 주된 주제로 사용되는 외래어가 되었다. 『컨텐츠』(contents)는 내용이나 목차의 의미를 가진 용어였지만 지금은 유무선 통신망을 통해 제공되는 디지털 정보나 내용물의 총칭으로 그 의미가 확장되었다.

2) 사전적 정의

사전적 정의는 한 낱말이 언어 속에서 이미 가지고 있는 의미를 알려주는 데 사용된다. 이미 확립된 의미를 가지고 사용되고 있는 용어이며 피정의항이 이미 가지고 있는 의미를 보고하는 정의이다. 그러나 사전적 정의가 그 사물에 대한 모든 것을 설명해 주지는 못한다.

이 정의는 모두가 사전에 정의되어 있는 것으로 애매성을 제거해준다. 여기서 애매하다고 말하는 것은 어떤 낱말의 가능한 의미가 둘 이상이 있는데 그 중 어떤 의미로 사용하고 있는지 불명확한 경우를 말한다. 이 경우 애매한 판단을 피하기 위해 각주나 한자를 달아주면 된다. 또는 문장 속에서 용어나 어구를 이해하므로 애매한 판단을 피할 수 있다.

예를 들어, 『간단한 식사』가 의미하는 여러 가지 해석이 있을 수 있겠다.

먼저, 준비하기 쉬운 식사를 뜻할 수 있겠고, 값이 비싸지 않는 검소한 식사를 의미하기도 한다. 그리고 여러 가지 재료를 섞어서 만든 것이 아니라 간단한 재료 몇 가지로 만든 식사를 뜻할 수도 있다. 그러므로 말하는 사람이 무슨 뜻으로 사용하고 있는지를 앞뒤 문장의 정황을 통해 짐작하여 올바르게 이해할 수 있다.

예제 어떤 사람을 『Nice』하다고 표현할 때 그 낱말이 의미하는 여러 가지 것들을 살펴보자.

풀이 부정적 의미로는 '까다롭다', '음탕하다'로, 긍정적 의미로는 '유쾌하다', '매력적이다', '정숙하다', '세련됐다'등으로 해석된다.

사전적 정의는 보통 우리들이 사용하는 단어들의 일반적인 용법을 명확하게 하는데 사용된다.

예를 들어, 『도둑질』을 "빈부의 격차를 없애는 일"이라고 하지 않는다. 또는 "귀금속 이동판매 방법"이라든지 "생계유지 수단"이라고도 말하지도 않는다. 일반적으로 "남의 물건을 훔치는 일"로 『도둑질』을 정의한다. 이와 같이 사전적 정의는 우리가 사용하는 말들이 객관적으로 어떤 경우에 사용되는지를 설명해준다.

예제 『대머리』에 대한 사전적 정의를 내려보고, 그 정의의 한계점을 말해보시오.

풀이 "대머리는 정상적으로 존재해야 할 머리카락이 있는 두부나 안면에 모발이 결여되거나 또는 그 크기 수가 감소하여 성기게 되는 상태"이다. 간단하게 말하자면 "대머리는 머리카락이 정상적인 사람보다 없는 상태"를 말한다. 대머리 자체에 부정적인 의미를 가지고 있기 때문에 정의할 때 그 한계를 벗어나지 못한다.

사전적 정의는 일반적인 의미를 우리들에게 말해주지만 때론 명확하게 수치적으로 정의해야 할 때가 종종 있게 된다. 『중산층』의 사전적 정의는 "경제적 수준이나 사회문화적 수준이 중간 정도 되면서 스스로 중산층 의식이 있는 사회집단"이다. 과거에는 중산층을 사전적 정의 이상을 요구하지 않았다. 중산층이란 단어가 우리의 이권에 영향을 주지 않았기 때문이다. 즉 우리가 상류층이든 중산층이든 또는 그 이하이든 그것이 그렇게 중요하지 않았다. 보통 사람들은 대부분 자신들이 중산층이라고 생각한다. 그러나 시대가 변화하면서 계층의 정확한 구분이 필요하게 되었다.

예를 들어, 『기초생활수급자』의 사전적 정의는 "생활유지 능력이 없거나 생활이 어려운 자들에게 최저생활을 보장하고 자활능력을 조성하기 위하여 공적 부조의 일환으로 시행되는 제도에 혜택을 받는 사람"이다. 기초생활수급자에 해당되는 사람들은 정부로부터 일정한 생계 유지비를 지원받는다. 따라서 정부는 기초생활수급자에 대한 명확한 정의가 필요하게 된다. 일반 국민들이 스스로 느끼고 있는 생활능력이 아닌 객관적인 수치로 나타나는 기준을 마련할 필요가 있는 것이다. 이와 같이 사전적 정의는 한계를 가지고 있다.

3) 명확한 정의

명확한 정의는 피정의항이 이미 확립된 의미를 가지고 있지만 적용되는 영역에 따라 보다 엄밀성을 증대시키기 위해 개량적 정의가 요구되는 경우에 사용된다. 그래서 명확한 정의는 낱말의 모호성을 감소시킨다. 모호성이 감소하면 그 낱말을 특수한 상황에 적용할 수 있게 된다. 여기서 모호하다는 말은 너무 적은 의미를 가진 낱말을 의미한다.

예를 들어, 『멋지다』라고 했을 때 그 말은 거의 아무 것도 의미하는 것이 없을 만큼 아무런 정보를 주지 않는다. 이 말은 그저 막연하게 그 대상을 승인한다거나 찬성한다는 뜻을 그렇게 표현할 뿐이다. "식사는 아주 멋졌지만 나는 별로 좋아하지 않아!"라고 어떤 사람이 말했다면 일반적으로 식사 자체는 만족할 만큼 준비가 잘되어 훌륭하다고 생각하지만, 그런 식사에 대해 개인적으로는 별로 좋아하지 않음을 표현한 말이라 하겠다. 만약에 어떤 사람이 "오늘은 멋진 날이다!"라고 말했다면 다른 사람에게도 멋진 날일 수도 있겠지만, 꼭 그렇게 멋진 날이 아닐 수도 있다. 비가 오는 날이 농부에겐 농사짓기에 멋진 날이 되겠지만, 소풍 계획이 잡힌 아이들에게는 결코 멋진 날이 될 수 없다.

예제 『중산층』을 명확한 정의에 의해 정의하시오.

풀이 경제협력개발기구(OECD)에 따르면 "중산층은 소득이 중위소득의 50~150%인 계층을 말한다." 여기서 중위소득이란 전체 가구를 소득 순으로 나열했을 때 가운데 소득을 말한다.

『중산층』의 명확한 정의는 정의하는 사람마다 모두 다를 수 있다. 그러나 만일 정부에서 중산층

미만의 사람들에게 복지차원으로 한 달에 쌀 한 가마씩을 보조한다면 『중산층』의 의미를 명확히 정의할 필요가 있을 것이다.

예제 『1 마력』의 사전적 정의와 명확한 정의를 말해보시오.

풀이 『1 마력』의 사전적 정의는 "통상 말 한 마리가 낼 수 있는 힘"이다. 그러나 자동차의 파워를 명시할 때는 그 보다 더 정확한 기준이 필요하게 된다. 그래서 『1 마력』의 명확한 정의는 "550파운드(약 250kg)의 무게를 1분에 1피트 들어 올리는 힘"이다.

4) 설득적 정의

설득적 정의는 피정의항에 가치가 포함된 의미를 낱말에 부여하는 것이다. 여기서 가치가 포함된 의미란 호의적 혹은 비호의적 태도를 말한다. 정의항에 가치가 포함된 의미를 낱말에 부여하므로 청중들로 하여금 감정의 변화를 일으키게 만든다. 즉 설득적 정의는 독자나 청중들에게 설득적으로 논쟁을 해결하기 위해 주로 사용된다.

예를 들어, 『낙태』는 천진난만한 아이를 무자비하게 살인하는 것으로 정의한다면 비호의적인 감정을 유발시킬 것이다. 그러나 『인공유산』은 원치 않은 짐을 진 여성을 자유롭게 해주는 안전하고 확실한 외과적 절차라고 정의했을 때 호의적 반응을 불러일으킬 것이다.

예제 『안락사』의 설득적 정의를 말해보시오.

풀이 (가) 호의적 정의는 "안락사는 살아날 가망이 없는 병자의 고통을 덜어 주기 위하여 인위적으로 죽음에 이르게 하는 일"이다.

(나) 비호의적 설득적 정의는 "안락사는 인간이 인간의 생명을 빼앗는 것은 신의 뜻에 위배되는 것으로 살인의 일종"이다.

〈연습문제〉

1. 오페라, 뮤지컬, 팬터마임의 유개념(장르)을 다음 보기에서 고르시오.

보기

(ㄱ) 영화	(ㄴ) 음악	(ㄷ) 행위예술
(ㄹ) 연극	(ㅁ) 무용	

2. 다음 글에서 피정의항과 정의항을 찾아보시오.

"호랑이는 인도와 아시아의 숲 속에서 토착하는 얼룩무늬가 있으며 몸집이 큰 고양이과 동물이다."

3. 『새』에 대한 정확한 정의를 말해보시오.

4. "침대는 과학이다."라고 정의했다면 이것은 어떤 정의 규칙을 위반한 것인지 보기에서 고르시오.

보기

(ㄱ) 정확성	(ㄴ) 명확성	(ㄷ) 비순환성
(ㄹ) 긍정성	(ㅁ) 보편성	

5. "과학은 과학적 방법을 사용하여 연구하는 방법이다."라고 정의한다면 이것은 정의 규칙의 순환성을 위반한 것이다. 『과학』을 올바르게 정의해보시오.

6. 『인간』은 동물의 종개념으로 정의할 수 있다. 그렇다면 인간이 다른 동물들과 구별되는 종차를 말해보시오.

7. "교사는 인류영혼의 기사다."라고 정의했다면 이것은 정의의 어떤 규칙을 위반한 것인지 보기에서 고르시오.

보기

(ㄱ) 비순환성	(ㄴ) 긍정성	(ㄷ) 정확성
(ㄹ) 명확성	(ㅁ) 보편성	

8. 다음 『과부』에 대한 정의를 평가해보시오.

"과부는 남편이 죽어 홀로 사는 여자다."

9. 다음 정의를 평가해보시오.

(ㄱ) 인간은 생각하는 갈대이다.

(ㄴ) 진정한 디자이너는 아름답고 화려한 옷을 만드는 이가 아니라 한 사람이 본디 가지고 있던 아름다움을 찾아주는 사람이다.

(ㄷ) 예술이란 인간 활동이다.

(ㄹ) 진공이란 물질이 전혀 존재하지 않는 공간이다.

(ㅁ) 논리학이란 논리를 공부하는 학문이다.

10. 정의가 가장 잘된 것을 고르시오.

(ㄱ) 석유는 보일러의 양식이다.

(ㄴ) 체벌은 학생에 대한 폭력행위이다.

(ㄷ) 아령은 팔운동을 하기 위한 물건이다.

(ㄹ) 처녀는 결혼을 하지 않은 성인 여자이다.

(ㅁ) 교사는 학생의 영혼을 책임지는 성직자이다.

11. 우리가 사용하는 말(예를 들어, 인간)을 정의할 때, 정의는 정의하고자 하는 것의 고유한 특징(이성적이다)을 드러내야 한다. 또한 그러한 정의가 너무 넓거나(생물이다) 좁아서는(한국인이다) 안 되고, 불명료해서도(슬픈 존재이다) 안 되며, 다만 같은 말을 되풀이하여 순환적이어도(사람이다) 안 된다. 다음 『고등학생』에 대한 정의는 어떤 조건을 가장 충족시키지 못하고 있는 것인지 하나 고르시오.

"고등학생은 고등학교에서 공부하고 있는 젊은이를 말한다."

(ㄱ) 고유한 성격을 드러내지 못하고 있다

(ㄴ) 너무 넓다
(ㄷ) 너무 좁다
(ㄹ) 불명료하다
(ㅁ) 순환적이다.

12. "수마트라, 인도, 시베리아, 말레이, 인도, 차이나, 발리, 자바, …"라고 호랑이의 종개념을 열거하면서 『호랑이』에 대해 정의했다면, 이것은 어떤 정의하는 방법에 해당하는지 아래 보기에서 고르시오.

보기
(ㄱ) 내포적 정의 (ㄴ) 지시적 정의
(ㄷ) 유개념과 종차에 의한 정의 (ㄹ) 매거적 정의
(ㅁ) 하위부류에 의한 정의

13. 어떤 물체가 더 강한지를 증명하기 위해 두 물체를 서로 부딪혀보거나 긁어서 흠집이 나지 않는 쪽이 더 강하다고 정의하는 방법을 아래 보기에서 고르시오.

보기
(ㄱ) 내포적 정의 (ㄴ) 지시적 정의 (ㄷ) 실험적 정의
(ㄹ) 유개념과 종차에 의한 정의 (ㅁ) 동의적 정의

14. 『청소년』을 유개념과 종차에 의해 정의해보시오.

15. 『환경오염물』을 다음과 같이 정의했다면 이것은 어떤 측면에서 정의한 것인지 아래 보기에서 고르시오.

"환경오염물은 우리의 자손들이 지저분한 쓰레기 더미 속에서 살게 하는 물질이다."
또는 "환경오염물은 우리가 안락한 생활을 영위하는 과정에서 발생하는 부산물이다."

보기
(ㄱ) 약정적 정의 (ㄴ) 사전적 정의 (ㄷ) 명확한 정의
(ㄹ) 설득적 정의 (ㅁ) 논리적 정의

16. 『민족주의』에 대한 설득적 정의(호의적, 비호의적)를 말해보시오.

17. 다음 빈칸에 들어갈 용어를 찾으시오.

(ㄱ) □□는(은) 같은 혈통과 같은 문화를 지닌 집단이다.

(ㄴ) 법은 □□를(을) 실현하기 위한 사회규범이다.

18. 다음은 용어를 정의한 것이다. 정의 방법을 보기에서 고르시오.

"아이템(Item)은 온라인 게임 상에서의 무기나 갑옷이다."

보기

(ㄱ) 약정적 정의	(ㄴ) 사전적 정의	(ㄷ) 명확한 정의
(ㄹ) 설득적 정의	(ㅁ) 논리적 정의	

19. 다음의 괄호를 개념 A나 B 중 어느 하나로 채운다고 할 때, (가)~(라)에 들어갈 개념을 순서대로 나열한 것을 찾으시오.

1980년대 진화생물학에서는 A와 B라는 두 개념을 구분해야 한다는 주장이 제기되어 주목을 받은 바 있다. 굴드는 1982년 브르바와 공저한 논문에서 사람들이 당연히 (가)의 결과라고 받아들이는 사례들 중 일부는 새로 (나)라고 부르는 과정의 산물이라는 점을 논증한다. 예를 들어 새의 날개깃은 새가 공중을 나는 데 결정적으로 기여하지만 대부분의 생물학자들이 추측해 온 바와 달리 그와 같은 쓰임새 때문에 진화해 온 것이 아니라는 사실이 밝혀졌다. 기존의 개념에 따르자면 어떤 형질이 (다)의 사례이기 위해서는 그 형질을 갖는 것이 생존과 번식에 유리하다는 점 때문에 진화의 과정 속에서 보존되었어야 하는데, 새의 날개깃의 경우는 이에 해당되지 않는다는 것이다. (라)란 이처럼 현재의 기능과는 다른 어떤 기능과 관련하여 진화했거나, 애초에는 아무 쓰임새도 없이 그저 다른 발달의 부산물로 진화한 형질이 나중에 새로운 쓰임새를 얻게 된 경우를 가리킨다.

(ㄱ) AABB (ㄴ) ABAA

(ㄷ) ABAB (ㄹ) ABBA

(ㅁ) ABBB

20. 다음 글로부터 알 수 있는 엡실론 B의 특성이 아닌 것을 모두 고르시오.

성운*이 중력 수축하여 스스로 빛을 내는 별이 되기 위해서는 질량이 일정 수준 이상이 되어야 한다. 질량이 충분하지 않다면 스스로 빛을 내지 못하는 행성이 되고 만다. 태양계의 거대 행성 목성이 그런 경우이다. 그렇지만 간신히 턱걸이해서 별이 된 경우도 있을 것이다. 이런 별이 바로 갈색 왜성이다. 유럽남천문대(ESO)의 천문학자들은 태양 근처에서 어둡고 상대적으로 차가운 별을 발견했다. 태양에서 12광년 떨어진 곳에서 발견된 이 별은 지금까지 알려진 것들 중 태양에서 가장 가까운 갈색 왜성으로 밝혀졌다. 엡실론 B의 특성은 유럽남천문대의 3.5m NNT(New Technology Telescope)로 확인되었다. 이 갈색 왜성은 태양계의 가장 큰 행성인 목성의 약 45배 정도 크기이며, 표면 온도는 1,000℃에 불과하다는 사실이 밝혀졌다. 이는 소위 거대한 행성과 별의 중간에 위치하고 있는 T왜성의 범주에 속한다. 엡실론 B는 가장 가깝고 가장 밝은 T왜성인 것이다. 천문학자들은 이 새로운 별의 연구를 통해 다른 특이한 천체의 진화와 형성은 물론, 행성과 별 사이의 경계에 대해 중요한 단서를 밝혀낼 수 있을 것으로 기대하고 있다.

보기

(가) 지금까지 알려진 태양에서 가장 가까운 갈색 왜성이다.
(나) 지구에서 볼 때 가장 밝게 보이는 별이다.
(다) 별이 행성으로 쇠퇴해가는 진화 과정의 중간에 있는 갈색 왜성이다.
(라) 스스로 빛을 내지 못한다.
(마) 중력 수축으로 생성되었다.

(ㄱ) 가, 나
(ㄴ) 나, 다
(ㄷ) 다, 라
(ㄹ) 가, 나, 마
(ㅁ) 나, 다, 라

21. 『죽음』을 명확한 정의의 방법으로 정의해보시오.

제4장

명제

4.1 개념, 판단, 문장, 명제, 진술, 논증

1) 개념

개념(concept)은 사물의 특유한 속성을 반영하는 사고의 형식이다.

2) 판단

판단이란 개개의 사실이나 의문에 대하여 어떤 주장을 하는 것이다. 다시 말해서 어떤 대상에 대하여 무슨 일인가를 단정하는 인간의 사유작용이다. 여기서 단정한다는 것은 무엇이라고 긍정(옳다)하거나 부정(틀리다)하는 것을 말한다.

예를 들어, 두 개의 개념 A와 B가 있다고 하자. "모든(약간의) A는 B이다." 또는 "모든(약간의) B는 A이다." 모두 만족될 수도 있지만, 때로는 둘 중 하나만 참이 되기도 한다. 이와 같이 우리의 논리적인 판단에 의해서 참이 되도록 만들거나 하나의 의견에 이르게 된다. 만일 개념 A를 『동물』, B를 『사람』이라고 한다면, "모든 동물이 사람이다."가 옳은 판단이 되는지 아니면 "모든 사람은 동물이다."가 옳은 판단이 되는지 결정해야 한다.

예제 "이숙형은 예영이와 지환이의 엄마다."라고 하자. 이때 두 개의 판단 "예영이는 지환이와 남매이다."와 "지환이는 예영이와 남매이다." 가운데 옳은 것을 말하시오.

풀이 모두 옳은 판단이다.

철수와 만수 이야기

옛날 어느 마을에 철수라는 머슴이 살았다. 철수는 열심히 일해서 큰돈을 모으게 되었다.
철수는 이 돈을 집에 놔두기가 불안하여 궁리 끝에 산 속에 땅을 파고 묻어두기로 하였다.
"가만있자, 이렇게 했는데도 누가 여기 돈이 있는 줄 알고 파가면 어떻게 하지?"
철수는 묻어둔 곳에 팻말을 세워두기로 했다.
[나는 이곳에 돈을 묻어 두지 않았다 -철수 씀-]
"하하하, 이젠 안심이다."
철수는 손을 털고 산을 내려왔다.
어느 날 그 마을에 사는 만수라는 머슴이 나무를 하러 산에 갔다가 이상한 팻말을 보았다.
"뭐? 나는 이곳에 돈을 묻어 두지 않았다?"
만수는 진짜로 그곳에 돈이 묻혀 있나 안 묻혀 있나 파 보기로 했다. 얼마쯤 팠더니 엽전이 가득 담긴

항아리가 나왔다.
"바보 같은 철수 녀석, 돈을 묻어 놓고도 안 묻어 두었다니, 어디 혼 좀 나 봐라!"
만수는 돈 항아리를 챙겨서 산을 내려오다가 혹시 철수가 의심할지도 모른다는 생각이 들었다.
만수는 그 자리에 팻말을 하나 꽂아 두었다.
[나는 이곳에 묻혀 있던 돈을 가져가지 않았다 -만수 씀-]
"하하하, 이젠 안심이다!"
만수는 편안한 마음으로 산을 내려왔다. 다음 날 철수는 땅에 묻어 둔 돈이 잘 있나 보려고 산에 올라갔다. 땅을 파보니 돈이 보이지 않았다.
"아이고, 망했다! 어떤 도둑놈이 내 돈을 훔쳐갔단 말이냐~"
한참 울다가 만수가 써 놓은 팻말을 발견했다.
"옳거니, 이제야 알겠다. 이 나쁜 도둑놈아!"
철수는 부랴부랴 마을로 뛰어 내려왔다. 그리고 마을 어귀에 서서 큰 소리로 외쳤다.
"야! 내 돈을 훔쳐간 나쁜 도둑놈들아~ 만수 □□ 몽땅 다 나와!"

예제 앞 이야기는 철수의 잘못된 판단을 재미있게 풍자한 것이다. 빈칸에 적당한 말로 채워보시오.

풀이 "빼고"

예제 쥐구멍 앞에서 쥐가 나오기를 기다리다 지쳐 그만 포기한 고양이가 있다면 이 고양이가 어떤 판단을 했다고 추측할 수 있겠는가?

풀이 고양이는 "쥐가 이 구멍 안에 없다."라고 판단했다.

예제 "서울에 사는 모든 사람은 제1호 서식을 작성하시오."라는 글을 읽었을 때 올바른 판단을 모두 고르시오.

(ㄱ) 나는 서울에 살고 있기 때문에 제1호 서식을 작성한다.
(ㄴ) 나는 서울에 살고 있지 않기 때문에 제1호 서식을 작성하지 않아도 된다.
(ㄷ) 나는 서울에 살고 있지 않지만 제1호 서식을 작성해야 하는지 알 수 없다.

풀이 (ㄱ)과 (ㄷ)이 올바른 판단이다. 서울에 사는 사람에게 서식을 작성할 것을 말하고 있을 뿐이다. 그러나 서울 이외에 거주하는 사람에 대한 어떤 정보도 없다. 그러므로 서울에 살지 않는 사람이 서식을 작성해야 하는지 작성을 안 해도 되는지 알 수 없다.

사실 문제가 아니라 판단하는 사람의 가치관이 개입되는 판단을 가치판단이라고 한다. 그래서 동일한 현상도 각 사람의 가치판단에 따라 달라질 수 있다.

예를 들어, 최근 대통령이 주재한 규제개혁회의에서 대통령은 "학교보건법 시행령이 최대 관심사이다. 모든 정성을 다 쏟고 있는데 시기에도 안 맞는 편견으로 청년들이 취직할 수 있는 일자리를 막고 있다는 것은 거의 죄악이라고 지적했다."라고 말하였다. 이때 학교보건법에 대한 대통령의 가치판단은 ① 시기에 뒤떨어지는 편견이다. ② 청년들의 일자리를 막는 법이다. ③ 경제 활성화를 위해 규제완화는 필요하다 등으로 요약할 수 있을 것이다. 그러나 학교보건법 규제 완화에 대해 반대하는 입장에 선 사람들의 가치 판단은 ① 학생들의 환경위생에 큰 피해를 준다. ② 몇 개의 일자리보다 자녀들의 안전과 보호가 더 중요하다. ③ 무분별한 난개발을 막아야 한다.

이렇듯 가치판단은 사람의 가치관에 따라 서로 다른 판단을 할 수 있기 때문에 어느 한쪽이 일방적으로 옳다거나 다른 쪽이 전적으로 틀리다고 단정하기가 어렵다.

3) 문장

단순문장은 주어와 서술어 또는 주어, 목적어, 서술어로 구성된 단위이다. 문장(sentence)은 기능에 따라 평서문, 감탄문, 의문문, 명령문, 권유문 등 5가지로 분류되며, 문장 끝에 마침표(.), 느낌표(!), 물음표(?) 등의 문장부호를 찍는다.

판단은 문장의 형태로 표현되는 데, 문장은 판단을 포함한다. 그러나 판단이 아닌 문장도 있다. 즉 문장은 판단인 문장과 판단이 아닌 문장으로 나눌 수 있다. 그러므로 모든 판단은 문장으로 표현되지만 모든 문장이 다 판단을 포함하지는 않는다. "오늘 날씨 더울까?"라든지 "밥 먹으로 가자!" 등은 판단을 포함하지 않는 문장의 예이다.

또한 다른 두 문장이 동일한 판단을 가질 수 있다.

예를 들어, 두 문장 "모든 사물은 다 운동한다."와 "운동하지 않는 사물은 없다."는 다른 문장이지만 동일한 판단을 가진다.

반대로 동일한 문장에 대해 다른 판단을 할 수도 있다. 그 이유는 각자의 입장에 따라 동일한 문장이라도 다른 판단을 가지고 해석할 수 있기 때문이다.

참인 문장은 올바른 판단에 의한다. 만일 두 문장이 있다고 하자.
"모든 동물은 사람이다."
"모든 사람은 동물이다."
이때 올바른 판단에 의해 참인 문장 "모든 사람은 동물이다."를 선택하게 된다.

예제 $X^3 - 1 = 0$을 만족하는 실수 근을 구하시오.

풀이 $X^3-1=0$

→ $(x-1)(x^2+x+1)=0$

→ $x^2+x+1=0$의 판별식 $D<0$이므로, $(x-1)=0$을 만족하는 실수 근을 찾는다.

→ $x=1$

위의 예제로부터 올바른 판단의 전제 조건이 그것에 관한 지식이라는 것을 알게 된다. 즉 수학적 지식이 있을 때 비로소 올바른 답을 낼 수 있는 것이다.

4) 명제

사람들의 다양한 주장을 문장(sentence)이라는 형태로 표현하는데, 명제(proposition)는 문장이 주장하는 내용을 가리키며, 문장내용의 진위를 진리값이라고 한다. 이때 참 또는 거짓이 진리값이 된다.

그러므로 명제는 진리값(참 또는 거짓)을 갖는 문장이며 논리학의 기본단위이다. 진리값은 참 $=T=1$, 거짓$=F=0$ 등으로 상황에 따라 다양하게 표현된다.

명제의 예들:

(가) 모든 사람은 죽는다.

(나) $1+3\times2=8$

(다) 청운대학교는 인천에 있다.

(라) 이순신 장군은 한산대첩에서 전사했다.

위의 예에서 참인 명제는 (가)와 (다)이고, 거짓 명제는 (나)과 (라)이다.

평서문을 제외한 나머지는 주장하는 문장이 아니기 때문에 명제가 될 수 없다. 이 밖에 제안이나 건의를 나타내는 문장도 명제가 될 수 없다.

명제가 아닌 예들:

당신은 교회에 다닙니까? (의문)

오늘 공원에 놀러 가자. (제안)

당신이 기차로 여행을 했으면 해. (권유)

다음 골목에서 왼쪽으로 돌아가라. (명령)

참 아름답구나! (감탄)

체벌은 학생에 대한 폭력행위이다. (가치판단)

마지막 문장(가치판단)은 평서문이지만 명제가 아니다.

5) 진술

동일한 문장이 다른 상황에서 각기 다른 의미를 가지는 경우가 있다. 어떤 문장이 이해되는 시점에 따라 참이거나 거짓이 될 수 있다는 말이다. 이와 같이 시점과 상황에 따라 진리값이 변화하는 문장을 진술(statement)이라고 말한다.

예를 들어, "현재 한국의 대통령은 남자다."라고 했을 때 이 문장은 2013년 이전을 기준으로 했을 땐 거짓이 되고, 2013년을 기준으로 했을 때는 참이 된다.

6) 논증

논증(argument)은 참이거나 거짓인 명제들로 이루어져 있다. 그러나 명제들로 이루어져 있다고 해서 모두 논증이 될 수는 없다. 명제들의 집합이 특정한 구조를 가질 때 논증이 된다. 즉 논증의 구조는 주장하는 명제인 결론과 그 근거로 제시하는 명제인 전제들로 구성된다. 주장하는 판단이 옳고 확실한지 그 이유를 들어 증명하는 기술이 논증이다. 이것은 대립되는 견해와 갈등을 해결하는 데 중요한 역할을 한다.

예를 들어, "가난은 나에게 삶이 주는 유용한 선물들의 진정한 가치를 가르쳐 주었다. 그러므로 나는 가난하게 태어난 내 운명에 감사한다."라는 어느 작가의 주장을 살펴보자.

그의 주장처럼 "과연 가난에 감사한다는 말이 타당한가?"그 이유는 무엇인가? 그는 그 이유에 대해 "가난이 진정한 삶의 가치를 알게 해 주었다."고 설명하고 있다. 그러므로 이 작가의 주장은 타당한 것이며 흔히 우리들이 표현하는 말로 "말 된다"고 말할 수 있다.

논증에 대한 자세한 설명이 제7장에 자세히 소개되었다.

4.2 명제의 요소

1) 주개념

주개념(subject)은 설명이나 주장이 되는 주체 개념으로 그 명제의 주인이다. 문법적으로 주어(부)가 여기에 속한다. 기호로 영어의 알파벳 대문자 S로 표현한다.

2) 빈개념

빈개념(predicate)은 주개념이 무엇인지를 설명하거나 주장하는 개념이다. 문법적으로 문장의 술어(부)가 여기에 해당된다. 기호로 영어의 알파벳 대문자 P로 표현한다.

3) 계사

계사(copula)는 주개념과 빈개념을 연결하여 긍정 또는 부정의 뜻을 나타내는 말이다. 문장을 긍정하는 "~이다"와 문장을 부정하는 "~아니다"가 여기에 해당된다.

4) 양화사

양화사(quantifier)는 수량을 나타내는 수량사(한정사)이다. 주개념의 수량을 설명한다. 주개념의 전체를 한정하는 "모든", "어떠한"과 주개념의 일부를 한정하는 "어떤", "약간의" 등이 양화사이다.

예를 들어, "모든 사람은 천재이다."라는 명제를 생각해보자. 이때 양화사는 "모든", 주개념은 "사람", 빈개념은 "천재", 그리고 계사는 "~이다"다.

명제 "약간의 동물은 사람이 아니다."에서 양화사는 "약간"이고, 주개념은 "동물", 빈개념은 "사람", 그리고 계사는 "~아니다"이다.

4.3 명제의 분류

명제의 양(quantity)은 주개념을 수식하는 양화사에 의해 결정되며 전칭명제와 특칭명제로 구분된다. 반면에 명제의 질(quality)은 "계사"에 의해 결정되며, 긍정명제와 부정명제로 구분된다.

1) 명제의 양

(1) 전칭명제(universal proposition)

전칭명제는 "모든", "어떠한", "임의의" 등의 양화사를 가진다.

(2) 특칭명제(particular proposition)

특칭명제는 "약간", "어떤" 등의 양화사를 가진다.

(3) 단칭명제(singular proposition)

단칭명제는 논리학에서 전칭명제로 분류된다. 단칭명제는 명제의 주어가 단수인 명제이다. 그러므로 단수는 하나이면서 그것이 전부이기 때문에 전칭으로 분류한다.

예제 다음 명제들을 양화사(명제의 양)에 따라 분류하시오.

(ㄱ) 모든 의자들은 앉기 위한 것이다.

(ㄴ) 약간의 의자는 단풍나무로 만들어졌다.

(ㄷ) 이 의자는 오래된 것이다.

풀이 (ㄱ)과 (ㄷ)은 전칭명제, (ㄴ)은 특칭명제다.

양화사가 생략된 명제의 양 :

명제에서 양화사가 생략된 경우, 전칭명제인지 특칭명제인지 분류하는 방법은 다음과 같다.

술어가 주개념 자체의 속성을 지시한다면 그 명제를 전칭으로 분류하고, 술어가 주개념 자체의 속성을 지시하지 않는다면 그 명제를 특칭으로 분류한다.

예를 들어, "부모들은 그들의 자녀를 양육할 책임이 있다."라는 명제에서 모든 부모라면 일반적으로 자녀들을 양육해야 할 책임을 가지고 있기 때문에 이 명제는 전칭명제가 된다. 그래서 양화사를 명시하면 "모든 부모들은 그들의 자녀를 양육할 책임이 있다."가 된다.

예제 명제 "부모는 스스로 살아가기가 힘들다."의 양을 결정하시오.

풀이 "모든 부모는 스스로 살 수 없다."라면, 아이들을 양육하고 돌봐주어야 할 부모에게 이와 같은 속성은 적절하지 않다.
주개념을 『부모』에서 『어린 아이』로 바꾼다면 일반적 통념에 의해 긍정할 수 있을 것이다. 그러므로 "스스로 살아가기 힘들다."는 말은 부모의 속성을 지시하지 않기 때문에 이 명제는 "약간의 부모는 스스로 살 수 없다."인 특칭명제로 해야 한다.

어떤 개념이 주연되었거나 부주연 되었다고 말하게 되는데, 주연과 부주연의 관계는 주어진 명제가 각 개념이 속해 있는 집합전체에 적용 되었는가 아니면 그렇지 않은가에 의해 구분된다. 주연과 부주연을 외연이라고 말하는데, 두 개념의 외연은 참이거나 거짓의 관계에 의한 것이 아니다.

예를 들어, "모든 인간은 동물이다."라는 명제를 생각해보자. 이 명제는 『인간』에 대해서는 전체적으로 적용되고 있지만 『동물』에 대해서는 부분적으로만 적용되고 있다. 다시 말해서 모든 인간은 동물에 포함되지만 동물 안에는 인간 이외에도 다른 존재들이 있다. 그래서 주개념 『인간』은 주연되었고 빈개념 『동물』은 부주연 되었다.

예제 "모든 인간은 식물이 아니다."에서 주개념과 빈개념의 외연을 말하시오.

풀이 이 명제는 『인간』과 『식물』 모두에 전체적으로 적용되었다. 즉 인간은 식물에 전혀 포함되지 않으며, 식물도 인간으로부터 전부 배제되고 있다. 그러므로 『인간』과 『식물』은 모두 주연되고 있다.

2) 명제의 질

명제의 질을 결정하는 것은 명제의 요소 가운데 하나인 계사이다. 만일 계사가 긍정(~이다)이면 긍정명제가 되고, 계사가 부정(~아니다)이면 부정명제가 된다. 또한 계사에 의해 빈개념의 외연이 주연되었는지 아니면 부주연 되었는지가 결정된다. 만일 긍정명제이면 빈개념이 부주연된 것이고, 부정명제이면 빈개념이 주연된 것이다. 그러므로 빈개념도 명제의 양(전칭과 특칭)을 가지고 있다. 빈개념이 주연되었다면 전칭 되었다고 말하며, 빈개념이 부주연 되었다면 특칭이 되었다고 말한다. 주연과 부주연의 다른 용어가 전칭과 특칭인 것이다.

(1) 긍정명제의 네 가지 유형

(가) S는 P이다.
(나) 비S는 P이다.
(다) S는 비P이다.
(라) 비S는 비P이다.

참고 "비S"는 "S가 아닌 것"을 뜻한다.

(2) 부정명제의 네 가지 유형

(가) S는 P가 아니다.
(나) 비S는 P가 아니다.
(다) S는 비P가 아니다.
(라) 비S는 비P가 아니다.

예를 들어, "어떤 소나무는 겨울에 잎을 달고 있지 않은 나무이다."의 명제의 양은 양화사가 "어떤"이므로 특칭명제이고, 명제의 질은 "~이다"이므로 긍정명제가 된다.

예제 명제 "어떤 소나무는 겨울에 잎을 달고 있지 않은 나무이다."에서 의미는 같지만 명제의 질이 다른 명제로 변형해보시오.

풀이 위의 명제는 "어떤 S는 비P이다." 형식으로 이것을 같은 의미의 다른 질로 변형하면 "어떤 S는 P가 아니다."가 된다. 그러므로 "어떤 소나무는 겨울에 잎을 달고 있는 나무가 아니다."

예제 명제 "약간의 새는 날지 못한다."를 정언명제의 형식으로 변형하고, 명제의 양과 질을 모두 변형시킨 명제로 고치시오.

풀이 위의 명제를 정언명제의 형식으로 변형하면, "약간의 새는 날지 못하는 조류이다."가 된다. 양과 질 모두를 변형시키면 "모든 새는 날지 못하는 조류가 아니다."가 된다.

명제의 양과 질에 따라 네 가지 명제로 구분하게 된다.

① 전칭 긍정명제
② 전칭 부정명제
③ 특칭 긍정명제
④ 특칭 부정명제

4.4 정언명제와 복합명제

1) 정언명제

정언명제(categorical proposition)는 주개념과 빈개념 두 단어의 포함과 배제 관계를 서술하는 명제이다. 즉 "누가 뭐래도 X는 Y이다." 또는 "누가 뭐래도 X는 Y가 아니다."이다. 여기서 주개념과 빈개념은 명사나 명사형의 구를 말한다.

정언명제의 형식은 양화사 + 주개념(주어개념) + 빈개념(술어개념) + 계사 이다.

예를 들어, "내 휴대폰은 가방 속에 있다."를 정언명제의 형식으로 변형하면 "내 휴대폰이 가방 속에 있는 것이다." 라고 약간은 어색한 말로 다시 쓸 수 있다. 만일 "아마 내 휴대폰이 가방 속에 있을 거야." 또는 "휴대폰이 가방 속에 있을지도 몰라."라면 이 문장은 명제 자체가 될 수 없다. 그래서 정언명제가 될 수 없다.

예제 "정보기술의 발달은 우리의 생활을 편리하게 한다."를 정언명제의 형식으로 변형하시오.

풀이 "모든 정보기술의 발달은 우리의 생활을 편리하게 하는 것이다."

다음의 예들을 보자.

(가) 오징어는 바다에 산다.

(나) 이병헌은 유명한 영화배우이다.

(다) 모든 거짓말이 처벌을 받지는 않는다.

위의 예들에서 (나)는 정언명제의 형식을 가지고 있지만, (가)와 (다)는 정언명제의 형식이 아니다. 이것을 정언명제의 형식으로 바꿔보면 다음과 같다.

(가) 모든 오징어는 바다에 사는 연체동물이다.

(다) 모든 거짓말이 처벌을 받는 것은 아니다.

예제 다음을 정언명제 형식으로 변형하시오.

(ㄱ) 다이아몬드는 무색의 보석이다.

(ㄴ) 나는 과일을 싫어한다.

(ㄷ) 몇몇 군인은 비겁하다.

풀이 (ㄱ) 약간의 다이아몬드는 무색의 보석이다.

(ㄴ) 나는 과일을 싫어하는 사람이다.

(ㄷ) 몇몇 군인은 비겁한 사람이다.

정언명제는 양과 질에 따라 네 가지 표준형식을 가지는데 다음과 같은 알파벳 약자를 사용한다.

(가) A명제는 전칭 긍정명제이다.

"모든 S는 P이다."

(나) E명제는 전칭 부정명제이다.

"모든 S도 P가 아니다."

(다) I명제는 특칭 긍정명제이다.

"어떤 S는 P이다."

(라) O명제는 특칭 부정명제이다.

"어떤 S는 P가 아니다."

이 네 가지 정언명제의 표준형식을 나타내는 약자는 각각 라틴어의 긍정과 부정을 나타내는 단어에서 유래되었다. 모든 종류의 정언명제는 적어도 이런 네 가지 표준형식으로 구분할 수 있다.

예제 E명제 "모든 대학생은 학문에 관심이 없다."를 A, I, O명제로 변형하시오.

풀이 A명제 "모든 대학생은 학문에 관심이 있는 학생이다."

I명제 "어떤 대학생은 학문에 관심이 있는 학생이다."
O명제 "어떤 대학생은 학문에 관심이 없는 학생이다."

예제 다음 명제의 표준형식을 말하시오.
(가) "어떤 소나무는 겨울에 잎을 달고 있지 않은 소나무이다."
(나) "모든 소나무는 겨울에 잎을 달고 있는 소나무가 아니다."

풀이 (가) I명제(특칭 긍정)
(나) E명제(전칭 부정)

2) 선언명제

선언명제(disjunctive proposition)는 두 개의 정언명제가 선언연결사로 연결된 복합명제이다. 양자택일의 내용을 가진다.

선언명제의 형식은 두 개의 정언명제 A와 B가 있어서 "A 또는 B"이다.

선언명제에는 배타적 선언과 포괄적 선언이 있다.

(1) 포괄적 선언명제

포괄적 선언에 의한 선언명제는 세 가지 의미를 가진다.
① A이고, B는 아니다.
② A는 아니고, B이다.
③ A이면서 동시에 B이다.

예를 들어, "내일 눈이 오거나 바람이 분다."는 포괄적 선언명제이며 "내일 눈만 오고 바람은 불지 않거나, 눈은 오지 않고 바람만 불거나, 또는 눈이 오는 동시에 바람도 불 수 있다."는 말이다.

(2) 배타적 선언명제

배타적 선언에 의한 선언명제는 두 가지 의미를 가진다.
① A이고, B는 아니다.
② A는 아니고, B이다.
여기서 A와 B 둘 다일 수는 없다.

예를 들어, "내일 눈이 오거나 비가 온다."라고 했다면 이것은 배타적 선언명제이다. 일반적으로 눈과 비가 동시에 내리지 않기 때문이다. 물론 날씨가 추워서 눈이 올 수도 있고 갑자기 기온이 따뜻해져서 눈 대신 비가 내릴 수도 있다. 그러므로 이 명제는 배타적 선언명제가 된다.

3) 가언명제

가언명제(conditional proposition)는 두 개의 정언명제 A와 B가 있어서 "만일 A이면 B이다."라는 형태의 복합명제이다. 여기서 A를 전건, B를 후건이라고 말한다. 보통 자연법칙의 대부분이 가언명제이다.

예를 들어, "만일 X가 금속이면, X는 전기 전도체이다."는 가언명제이다.

4.5 대당관계

1) 모순대당(A-O, I-E)

A명제와 O명제 그리고 I명제와 E명제는 모순대당 관계이다. 모순대당 관계인 두 명제는 둘 다 동시에 참이거나 둘 다 동시에 거짓일 수는 없다.

예를 들어, A명제 "모든 사람은 예술가이다."와 O명제 "어떤 사람은 예술가가 아니다."는 모순대당 관계이며, I명제 "어떤 사람은 예술가이다."와 E명제 "모든 사람은 예술가가 아니다."도 역시 모순대당 관계이다. 두 명제가 모순대당 관계라면, 두 명제 모두 참이거나, 두 명제 모두 거짓일 수 없다.

예제 명제 "모든 성가신 사람들은 귀찮다."의 진리값이 참일 때, 명제 "약간의 성가신 사람들은 귀찮지 않다."의 진리값을 말하시오.

풀이 모순대당 관계이므로 거짓이다.

2) 반대대당(A-E)

전칭 긍정명제와 전칭 부정명제는 반대대당 관계이다. 반대대당 관계인 두 명제는 동시에 참일 수는 없지만 동시에 거짓일 수는 있다.

예를 들어, "모든 사람은 예술가이다."와 "모든 사람은 예술가가 아니다."는 반대대당 관계가 있다고 말한다. "모든 사람은 예술가이다."가 참이라면 "모든 사람은 예술가가 아니다."는 거짓이 될 것이다. 그러나 만일 "약간의 사람만이 예술가"라면, 두 명제 모두 거짓이 된다.

예제 명제 "모든 민주주의는 인간의 권리를 존중한다."의 진리값이 참이라면, 명제 "어떤 민주주의도 인간의 권리를 존중하지 않는다."의 진리값을 말하시오.

풀이 두 명제는 반대대당 관계이다. 두 번째 명제 "어떤 민주주의도~"의 양화사는 전칭이다. "어떤"은 특칭이지만 "어떤 ~도"이므로 전칭의 의미를 가지게 된다. 그러므로 두 번째 명제의 진리값은 거짓이다.

3) 소반대대당(I-O)

특칭 긍정명제(I명제)와 특칭 부정명제(O명제)는 소반대대당 관계이다. 두 명제의 진리값은 동시에 참일 수는 있지만 동시에 거짓일 수는 없다.

예를 들어, 두 명제 "어떤 사람은 예술가이다."와 "어떤 사람은 예술가가 아니다."는 소반대대당 관계이다.

소반대대당 관계인 두 명제는 둘 다 참일 수 있으나, 둘 다 거짓일 수는 없다.

4) 대소대당(A-I; E-O)

전칭 긍정명제(A명제)와 특칭 긍정명제(I명제), 그리고 전칭 부정명제(E명제)와 특칭 부정명제(O명제)는 대소대당 관계이다.

예를 들어, 두 명제 "모든 사람은 예술가이다."와 "어떤 사람은 예술가이다." 그리고 두 명제 "모든 사람은 예술가가 아니다."와 "어떤 사람은 예술가가 아니다."는 대소대당 관계이다.

대소대당 관계가 있는 두 명제의 참과 거짓을 일률적으로 말할 수 없다. 다만 주어진 명제들의 외연을 생각하여 신중히 판단할 수 있을 뿐이다.

예제 다음 대소대당 관계인 두 명제의 진리값을 말하시오.

(ㄱ) "약간의 죄수들은 무죄이다."(참)
"모든 죄수들은 무죄이다."( )

(ㄴ) "모든 선인장은 가시가 있다."(참)
"약간의 선인장은 가시가 있다."( )

풀이 (ㄱ) 판정불가
(ㄴ) 참

〈연습문제〉

1. 다음 중 가치 판단이 아닌 것을 고르시오.

(ㄱ) 거짓말을 해서는 안 된다.
(ㄴ) 약속은 반드시 지켜야 한다.
(ㄷ) 모든 사람을 단순히 수단으로 대우해서는 안 되며 목적으로 대우해야 한다.
(ㄹ) 쾌락은 인생에 활력을 주는 좋은 것이다.
(ㅁ) 정지선을 지키는 것은 교통 규칙이다.

2. 다음 중 명제가 아닌 것을 고르시오.

(ㄱ) 사람은 태어난 순서대로 죽지 않는다.
(ㄴ) 네가 죄가 없다고 생각하는가?
(ㄷ) 모험이 없는 것은 재미가 없다.
(ㄹ) 오늘은 날씨가 좋다.

3. 다음 글에서 각각 몇 개의 문장, 진술 그리고 명제가 있는지 찾아보시오.

"지환이는 아버지의 생일 선물로 책을 선물했다. 아버지는 지환에게서 책을 생일 선물로 받았다."

4. 다음 문장에서 진리값이 없는 문장을 고르시오.

(ㄱ) 너는 어디에 있니?
(ㄴ) 나는 목회자다.
(ㄷ) 2009년 8월 13일 오후 4시 나는 도서관에 있다.
(ㄹ) 사랑은 모든 덕목 중에서 가장 으뜸이다.
(ㅁ) 나는 외계인이 없다고 믿는다.
(ㅂ) 창문을 열고 청소하시오.

5. 다음 명제에서 양화사, 주개념, 빈개념, 계사를 찾으시오.

"어떠한 사람도 죽음을 피할 수 없는 것이다."

6. 다음 정언명제에서 양화사, 주어, 술어, 계사 그리고 명제의 유형과 양과 질을 각각 조사하시오.

(ㄱ) 붉은색 장미가 있다.

(ㄴ) 모든 인종차별은 앞으로 없어져야 할 세상의 과제이다.

(ㄷ) 어떤 사람은 가끔 예의에 어긋나는 행동을 하는 사람이다.

7. 다음 명제의 두 개념에 대한 외연(주연, 부주연)을 말하시오.

"어떤 인간은 동물이다."

8. 다음 중 틀린 것을 고르시오.

(ㄱ) 명제의 양은 양화사가 결정한다.

(ㄴ) 명제의 양에 따라 부정명제와 긍정명제로 나뉜다.

(ㄷ) 명제의 질은 계사에 의해 결정된다.

(ㄹ) 단칭명제는 전칭명제이다.

(ㅁ) 평서문만 명제가 된다.

9. 다음을 정언명제의 표준형식으로 바꾸시오.

(ㄱ) 사자는 육식을 한다.

(ㄴ) 인간은 자유를 누릴 권한이 있다.

(ㄷ) 정치인은 모두 현실주의자이다.

10. "식사 후에 커피나 아이스크림이 후식으로 나옵니다."라고 식당 종업원이 손님에게 말했다면, 이 선언명제는 포괄적 선언인지 배타적 선언인지 설명하시오.

11. 명제 "약간의 집들은 값이 비싼 것이다."가 참일 때 다음 명제의 진리값을 말하시오.

"어떤 집들도 값이 비싸지 않다."

12. 명제 "어떤 과학자는 천재가 아니다."의 표준형식을 말하고 이 명제가 참이라고 할 때 소반대대당 관계인 명제를 찾고 진리값을 말하시오.

13. 명제 "약간의 새는 날지 못한다."의 진리값이 거짓일 때 명제 "약간의 새는 난다."에 대한 설명이 올바른 것을 고르시오.

(ㄱ) 모순대당-거짓	(ㄴ) 반대대당-참
(ㄷ) 반대대당-거짓	(ㄹ) 소반대대당-참
(ㅁ) 소반대대당- 거짓	(ㅂ) 소반대대당-판정불가
(ㅅ) 대소대당-참	(ㅇ) 대소대당-판정불가

14. 명제 "어떤 사람도 겁쟁이가 아니다."의 진리값이 거짓이라고 할 때, 명제 "모든 사람은 겁쟁이다."의 진리값을 말하시오.

(ㄱ) 참　　(ㄴ) 거짓　　(ㄷ) 판정불가

15. 명제 "모든 정치인들은 현실주의자이다."의 표준형식을 말하고 이 명제가 참일 때 명제 "어느 정치인도 현실주의자가 아니다."의 진리값과 두 명제 사이의 관계를 말하시오.

16. 명제 "약간의 사탕은 깨물기가 힘들다."의 진리값이 거짓일 때, 명제 "약간의 사탕은 깨물기가 힘들지 않다."의 진리값을 말하시오.

(ㄱ) 참　　(ㄴ) 거짓　　(ㄷ) 판정불가

제5장

정언명제의 벤 다이어그램과 변형

5.1 정언명제의 벤 다이어그램

정언명제의 네 가지 형식을 [1]벤 다이어그램(venn diagram)에 의해 표현할 수 있다. 우리는 이미 고등학교 교육과정에서 집합을 배웠다. 어떤 집합이 원소를 가지고 있다는 것은 논리학에서 어떤 개념에 외연이 존재하여 그 개념의 속성을 가진 사물이 있다는 것을 의미한다. 그런 의미에서 명제는 집합들의 관계를 그림으로 나타낸 벤 다이어그램으로 표현할 수 있다. 그러므로 두 개념(주개념, 빈개념)에 해당하는 두 개의 중첩된 원으로 정언명제를 표현한다.

이 밖에도 직사각형을 사용하여 정언명제를 표현한 루이스 캐럴의 사각형과 라이프니츠의 원이 있다.

아래 그림은 집합의 구성원에 대해 어떤 것도 말하지 않기 때문에, 아직 '명제'가 아니며, 따라서 구성원들을 긍정하지도 부정하지도 않은 단지 '개념'을 표현한 것이다.

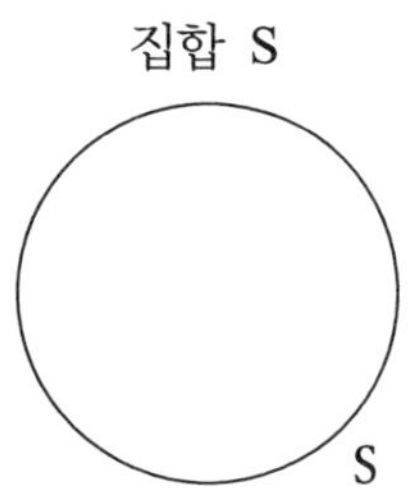

두 개의 가장 간단한 명제는 "그 개념(집합)이 구성원을 가지는지"와 "그 개념(집합)이 구성원을 가지고 있지 않는지"이다. 왼쪽 그림은 개념 S에 구성원이 적어도 하나 포함하고 있음을 표시한 것이고, 오른쪽 그림은 개념 S에 구성원이 전혀 포함하고 있지 않음을 표시한 것으로 원 내부를 음영으로 나타냈다.

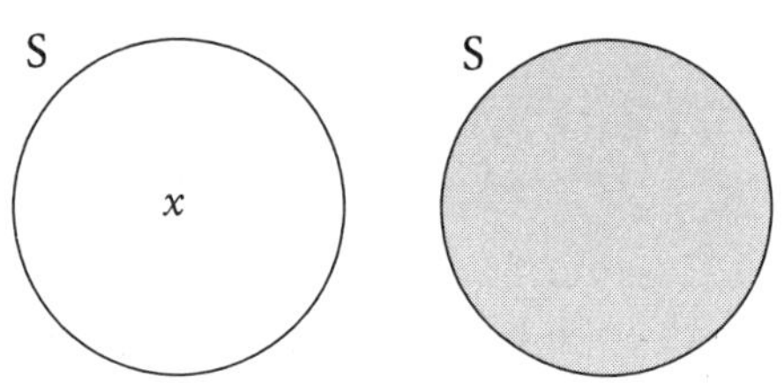

1) 벤 다이어그램 명칭은 영국의 논리학자 John Venn의 이름에서 유래되었다

벤 다이어그램 그리기

(가) 두 원을 서로 중첩되게 그린다.

(나) 왼쪽 원은 주개념을 나타낸 것이고 오른쪽 원은 빈개념을 나타낸 것이다.

(다) 주개념은 원 S에 의해 표현되고, 빈개념은 원 P에 의해 표현된다.

벤 다이어그램

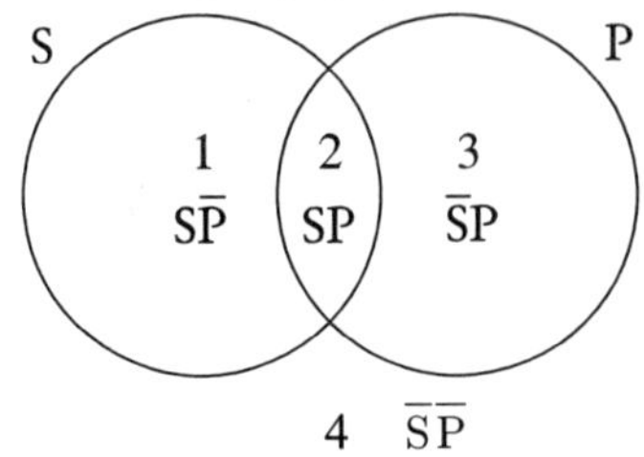

1 영역 : P가 아니면서 S인 모든 것

2 영역 : S이면서 P인 모든 것

3 영역 : S는 아니면서 P인 모든 것

1, 2, 3 밖의 영역 : S도 P도 아닌 모든 것

예제 명제 "약간의 우주 비행선은 사람에 의해 만들어졌다."를 벤 다이어그램으로 나타내시오.

풀이

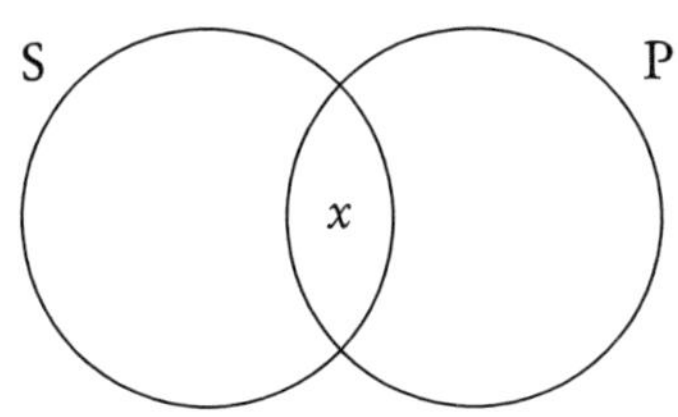

1) A 명제

"모든 S는 P이다."

> 주개념은 전칭이고, 빈개념은 특칭이다.
> S이면서 P가 아닌 것이 하나도 없다.
> $S \cap \sim P = \Phi$
> 즉 $S \subset P$

예제 A 명제 "모든 사람은 동물이다."를 벤 다이어그램으로 나타내시오.

풀이 위의 명제는 정언명제의 형식으로 잘 변형된 문장이다. 그래서 개념 S를 사람, 개념 P를 동물이라고 할 때 개념 S가 모두 개념 P에 속해야 하므로 개념 P에 속하지 않은 부분을 음영으로 칠하면 될 것이다. 벤 다이어그램은 아래 그림과 같다.

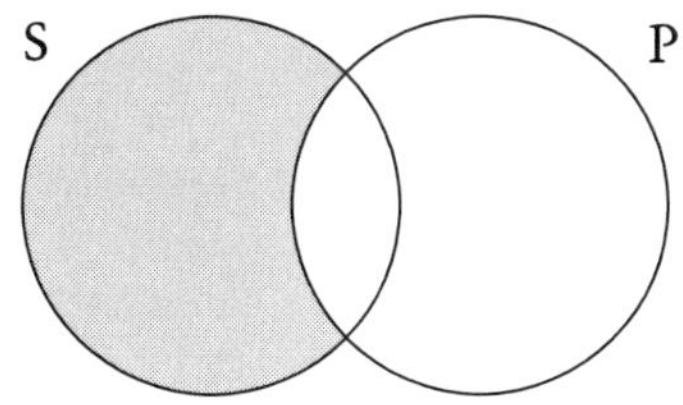

A명제를 다른 두 가지 방법으로 나타낼 수도 있다. 하나는 라이프니츠의 원이며 다른 하나는 루이스 캐럴의 사각형 그림이다. 라이프니츠는 A명제의 경우 개념S의 원이 개념P의 원 속에 완전히 들어가도록 그렸다. 사실 벤의 그림과 다를 것이 없다. 벤의 그림에서는 개념P속에 들어가지 않는 개념S의 일부분을 음영으로 없앤 것이다.

두 번째 루이스 캐럴의 사각형은 음영 대신에 0(영)을 기입하는 방식이다. A명제 "모든 사람은 동물이다."에 대한 루이스 캐럴의 사각형은 아래 그림과 같이 나타낸다.

	동물	동물이 아닌 것
사람		0
사람이 아닌 것		

2) E명제

"모든 S는 P가 아니다."

주개념과 빈개념 모두 전칭이다.
S이면서 P인 것이 하나도 없다.
$S \cap P = \Phi$

예제 E명제 "모든 정치인은 의인이 아니다."를 벤 다이어그램으로 나타내시오.

풀이 위의 명제를 정언명제의 형식으로 변형하면 "모든 정치인은 의인인 사람이 아니다."이다. 그래서 개념S는 정치인이고, 개념P는 의인인 사람이라고 할 때, 벤 다이어그램은 아래 그림과 같이 나타낼 수 있다. 즉 정치인이면서 의인인 사람이 없다는 의미이므로 개념S와 개념P의 공통부분을 음영으로 칠한 그림이 될 것이다.

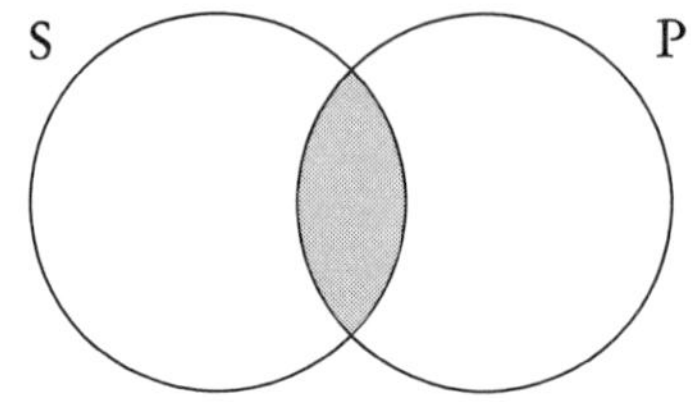

3) I명제

"약간의 S는 P이다."

주개념, 빈개념 모두 특칭이다.
S이면서 P인 것이 약간은 존재한다.
즉 S이면서 P인 것이 적어도 하나는 있다.
$S \cap P \neq \Phi$

예제 I명제 "약간의 휴대폰은 수입되었다."를 벤 다이어그램으로 나타내시오.

풀이 위의 명제를 정언명제의 형식으로 변형하면 "약간의 휴대폰은 수입된 물건이다."이다. 그래서 개념S는 휴대폰이고, 개념P는 수입된 물건이라고 할 때, 휴대폰의 일부분이 수입된 것이므로 개념S이면서 개념P인 부분, 즉 공통인 부분에 x라는 원소를 기입하면 될 것이다.

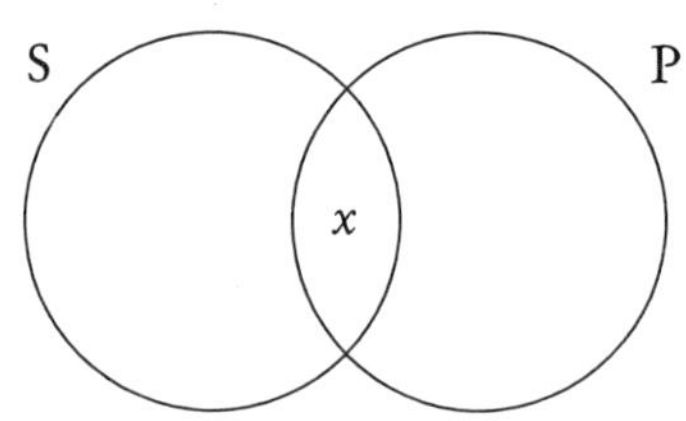

4) O명제

"약간의 S는 P가 아니다."

주개념은 특칭, 빈개념은 전칭이다.
S이면서 P가 아닌 것이 약간 있다.
즉 S이면서 P가 아닌 것이 적어도 하나 존재한다.
$(S \cap \sim P \neq \Phi)$

예제 O명제 "약간의 뱀은 독이 있지 않다."를 벤 다이어그램으로 나타내시오.

풀이 위의 명제를 정언명제의 형식으로 변형하면 "약간의 뱀은 독이 있는 동물이 아니다."이다. 그래서 개념S는 뱀이고, 개념P는 독이 있는 동물이라고 할 때, 휴대폰의 일부분이 수입된 것이므로 개념S이면서 개념P인 부분, 즉 공통인 부분에 x라는 원소를 기입하면 될 것이다.

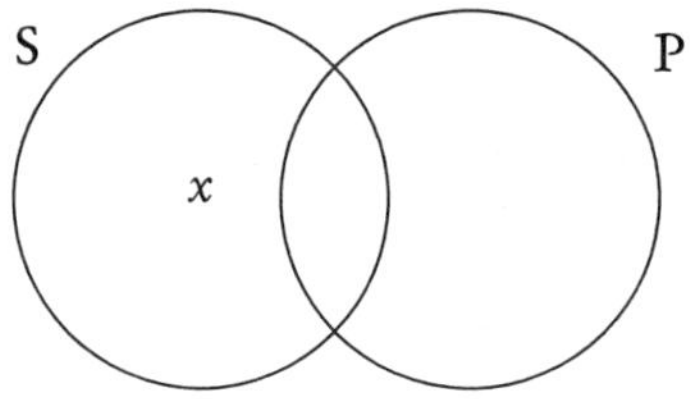

5.2 명제의 변형

명제의 변형을 통하여 환위, 부분환질환위 그리고 완전환질환위 하여 진리값이 참인 명제로 바꿀 수 있다.

1) 환위와 환질

환위(conversion)는 정언명제의 주개념(주어)과 빈개념(술어)의 위치를 서로 바꾸는 것을 말한다. 환위할 명제를 '환위하는 명제'라고 말하고, 환위에 의해 변형된 명제를 '환위된 명제' 또는 '환위문'이라고 말한다.

환위의 규칙

(규칙1) 두 개념의 외연이 같은 경우에만 환위할 수 있다.
(규칙2) 명제의 양과 질은 바뀌지 않는다.
(규칙3) 개념의 외연을 확장시키지 않는다.

다음 표는 정언명제의 표준형식을 환위한 것이다.

명제 형식	환위하는 명제	환위된 명제
I	어떤 S는 P이다.	어떤 P는 S이다.
E	모든 S는 P가 아니다.	모든 P는 S가 아니다.

환질(obversion)은 명제의 양은 그대로 둔 채 명제를 이루는 계사(명제의 질)를 변형한 후에 술어를 부정하는 것이다. 여기서 환질한 명제를 '환질하는 명제'라고 말하고, 환질에 의해 변형된 명제를 '환질된 명제' 또는 '환질문'이라고 말한다.

예를 들어, "모든 사람은 여자이다."에서 술어를 부정하면 "모든 사람은 여자가 아니다."가 될 것이다. 즉 "모든 사람은 비여자이다."이며, "모든 사람은 남자이다."로 다시 쓸 수 있다.

환질의 규칙

(규칙1) 두 개념의 외연이 다른 경우에도 환질할 수 있다.

(규칙2) 명제의 양은 바뀌지 않는다.

(규칙3) 빈개념의 외연이 반대가 되도록 바꾸지만, 그 의미는 동일하게 한다.

예제 명제 "토끼는 당근을 먹는다."를 환위하시오.

풀이 위의 명제를 정언명제로 변형하면 "약간의 토끼는 당근을 먹는 동물이다."이다. 그래서 환위하면 "약간의 당근을 먹는 동물은 토끼다."가 된다.

예제 명제 "어떤 논리적이지 않은 사람은 인간적인 사람이 아니다."를 환질하시오.

풀이 환질된 명제는 "어떤 논리적이지 않은 사람은 비인간적 사람이다."가 된다.

다음 표는 정언명제의 표준형식을 환질한 것이다.

명제 형식	환질하는 명제	환질된 명제
A	모든 S는 P이다.	모든 S는 P가 아닌 것이 아니다. (모든 S는 비P가 아니다.)
I	어떤 S는 P이다.	어떤 S는 P가 아닌 것이 아니다. (어떤 S는 비P가 아니다.)
E	모든 S는 P가 아니다.	모든 S는 P가 아닌 것이 아니다. (모든 S는 비P이다.)
O	어떤 S는 P가 아니다.	어떤 S는 P가 아닌 것이 아니다. (어떤 S는 비P이다.)

다음 정언명제들을 기호화하여 간단한 형태로 표현할 수 있다.

A명제 : "모든 S는 P이다." ⇒ (S A P)

E명제 : "모든 S는 P가 아니다." ⇒ (S E P)

I명제 : "약간의 S는 P이다." ⇒ (S I P)

O명제 : "약간의 S는 P가 아니다." ⇒ (S O P)

예제 다음 기호화된 명제를 정언명제의 표준형식으로 나타내시오.

(ㄱ) (P I ~S)

(ㄴ) (~S O ~ ~P)

(ㄷ) (~S E P)

풀이 (ㄱ) "약간의 P는 비S이다."

(ㄴ) "약간의 비S는 P가 아니다."

(ㄷ) "모든 비S는 P가 아니다."

2) 명제의 환위

(1) E명제

환위하는 명제 : "모든 S는 P가 아니다." (S E P)

환위된 명제 : "모든 P는 S가 아니다." (P E S)

예제 다음 명제의 진리값은 참이다. 이 명제를 환위하고 환위된 명제의 진리값을 말하시오.

"모든 논리학자는 무지한 사람이 아니다."

풀이 환위된 명제는 "모든 무지한 사람은 논리학자가 아니다."이며, 참인 진리값을 가진다.

(2) I명제

환위하는 명제 : "약간의 S는 P이다." (S I P)

환위된 명제 : "약간의 P는 S이다." (P I S)

예제 다음 명제를 환위하시오.

"약간의 자아 중심적인 사람은 편견이 있다."

풀이 환위된 명제는 "약간의 편견이 있는 사람은 자아 중심적이다."이다.

(3) A명제

A명제의 주개념은 외연이 전칭이고, 빈개념은 외연이 특칭이기 때문에 환위가 불가능하다.

예를 들어, 명제 "모든 장미는 꽃이다."(T)는 환위할 수 없다. 만일 A명제를 환위하게 되면, "모든 꽃은 장미이다."가 된다. 그러나 꽃 중에는 장미가 아닌 꽃이 존재하기 때문에, 환위된 명제의 진리값은 거짓이다.

(4) O명제

O명제의 주개념은 외연이 특칭이고, 빈개념은 외연이 전칭이기 때문에 환위가 불가능하다.

3) 부분환질환위

명제를 부분환질환위하는 방법은 먼저 환질한 다음 환위하는 것이다. 부분환질환위를 한 후에도 명제의 진리값은 동일해야 한다. 항상 환질은 진리값이 변하지 않지만 환위하는 경우에는 진리값의 변화가 있을 수 있다. 그러므로 먼저 환질을 한다는 의미는 환위를 위해서이며 그 이유는 주어진 명제의 두 개념의 외연이 다르기 때문이다. 부분환질환위를 할 수 있는 명제는 원래 환위가 불가능한 명제인 A명제와 O명제이다. 즉 환질을 해서 외연을 같게 만든 다음, 환질된 명제를 환위하는 방법이 부분환질환위이다.

(1) A명제

"모든 S는 P이다." (S A P)

환질된 명제 : "모든 S는 P가 아닌 것이 아니다." (S E ~P)
환위된 명제 : "모든 P가 아닌 것은 S가 아니다." (~P E S)

예제 다음 A명제를 부분환질환위하시오.

"모든 장미는 꽃이다." (T)

풀이 환질된 명제 : "모든 장미는 꽃이 아닌 것이 아니다." (T)
환위된 명제 : "모든 꽃이 아닌 것은 장미가 아니다." (T)
즉 "꽃이 아닌 모든 것은 장미가 아니다."

(2) O명제

"약간의 S는 P가 아니다." (S O P)

환질된 명제 : "약간의 S는 P가 아닌 것이다." (S I ~P)
환위된 명제 : "약간의 P가 아닌 것은 S이다." (~P I S)

예제 다음 O명제를 부분환질환위하시오.

"약간의 바다 생물은 어류가 아니다." (T)

풀이 환질된 명제 : "약간의 바다생물은 어류가 아닌 것이다." (T)
환위된 명제 : "약간의 어류가 아닌 것은 바다생물이다." (T)
즉 "어류가 아니 것 중에서 바다생물인 것이 있다."

4) 완전환질환위

명제를 완전환질환위하는 방법은 부분환질환위를 한 다음 환질하는 것이다. 환질은 처음 명제의 빈개념의 외연(긍정 또는 부정)만을 바꾸는 데 그 의미는 같게 만드는 것이다. 그래서 진리값에 영향을 주지 않는다. 변형한 후 진리값에 영향을 주는 것은 단지 환위이다. 완전환질환위하는 데 있어서 처음 환질은 환위를 위해서이며, 마지막 환질은 다시 처음 명제와 동일한 형식을 가지기 위해서이다. 즉 부분환질환위를 하면 처음 명제와 다른 명제의 형식이 되지만, 완전환질환위를 하게 되면 환질을 두 번하기 때문에 처음과 같은 명제의 형식을 가지게 된다. 그러므로 완전환질환위나 부분환질환위 모두 A와 O명제에 대해 가능하다.

(1) A명제

"모든 S는 P이다." (S A P)

환질된 명제 : "모든 S는 비P가 아니다." (S E ~P)
환위된 명제 : "모든 비P는 S가 아니다." (~P E S)
환질된 명제 : "모든 비P는 비S이다." (~P A ~S)

예제 다음 명제를 완전환질환위 하시오.

"모든 인간은 죄인이다." (T)

풀이 환질된 명제 : "모든 인간은 죄인이 아닌 사람이 아니다." (T)
환위된 명제 : "모든 죄인이 아닌 사람은 인간이 아니다." (T)
환질된 명제 : "모든 죄인이 아닌 사람은 인간이 아닌 것이다." (T)
즉 "모든 죄 없는 사람은 인간이 아니다."

(2) O명제

"약간의 S는 P가 아니다." (S O P)

환질된 명제 : "약간의 S는 비P이다." (S I ~P)
환위된 명제 : "약간의 비P는 S이다." (~P I S)
환질된 명제 : "약간의 비P는 비S가 아니다." (~P O ~S)

예제 다음 명제를 완전환질환위 하시오.

"약간의 인간은 바보가 아니다." (T)

풀이 환질된 명제 : "약간의 인간은 바보가 아닌 사람이다." (T)
환위된 명제 : "약간의 바보가 아닌 사람은 인간이다." (T)
환질된 명제 : "약간의 바보가 아닌 사람은 인간이 아닌 것이 아니다." (T)

〈연습문제〉

1. 다음 명제를 벤 다이어그램으로 표현하시오.

"약간의 우주 비행선은 사람에 의해 만들어졌다."

2. 다음 명제를 루이스캐럴의 사각형으로 나타내시오.

"모든 택시는 노란색이 아니다."

3. 다음 명제를 환질하고 그 진리값을 말하시오.

"어떤 논리적이지 않은 사람은 인간적인 사람이 아니다."

4. E명제를 각각 환위와 환질했을 때 각각 어떤 명제로 변형되는지 말하시오.

5. 다음 명제를 아래 지시한 변형으로 고치고, 변형된 명제의 진리값을 말하시오.

(ㄱ) 모든 S는 비P가 아니다. (F) - 환위
(ㄴ) 어떤 P는 W이다. (T) - 환질
(ㄷ) 약간의 A는 비B이다. (T) - 환위
(ㄹ) 모든 비H는 J이다. (F) - 환질

6. 다음 명제에 어떤 변형을 했는지를 판별하고 변형된 명제의 진리값을 말하시오.

(ㄱ) 어떤 비W는 비P가 아니다. (T) → 어떤 P는 W가 아니다. ( )
(ㄴ) 모든 S는 비P이다. (F) → 모든 P는 S가 아니다. ( )
(ㄷ) 어떤 비E는 I가 아니다. (F) → 어떤 비I는 E가 아니다. ( )
(ㄹ) 어떤 A는 비B가 아니다. (T) → 어떤 A는 B이다. ( )

7. 다음 중 틀린 것을 모두 고르시오.

(ㄱ) A명제의 빈개념은 전칭이다.
(ㄴ) O명제의 주개념은 특칭이다.
(ㄷ) 환위는 주개념과 빈개념의 위치를 서로 바꾸는 것이다.

(ㄹ) 환질하는 명제와 환질된 명제의 진리값은 같다.
(ㅁ) 환위하는 명제와 환위된 명제의 진리값은 서로 다를 수 있다.
(ㅂ) 환질하는 명제와 환질된 명제의 형식은 동일하다.
(ㅅ) 환위하는 명제와 환위된 명제의 형식은 동일하다.

8. 명제 "약간의 인간은 바보가 아니다."의 진리값은 참이다. 아래 보기는 변형된 명제이다. 이때 진리값이 참인 명제를 모두 고르시오

(ㄱ) 약간의 바보가 아닌 사람은 인간이다.
(ㄴ) 약간의 인간은 바보가 아닌 사람이다.
(ㄷ) 약간의 바보가 아닌 사람은 인간이 아닌 것이 아니다.
(ㄹ) 약간의 바보는 인간이 아니다.
(ㅁ) 약간의 인간은 바보가 아닌 사람이다.

제6장

언어의 기능

6.1 언어의 기능

언어는 정서적 기능, 정보적 기능, 지시적 기능 그리고 이 세 가지 기능들이 복합적으로 나타나는 복합적 기능이 있다.

1) 정서적 기능

사람들은 언어를 사용하여 자신의 감정을 표현하며 자신의 처지를 타인에게 호소하고 이해나 공감을 얻는다. 이러한 언어적 기능을 정서적 또는 표현적 기능이라고 말한다. 그러나 정서적 언어에 의해 자신의 요구나 주장을 관철시키는 데 도움을 줄 수는 있지만 청자의 논리적 사유 자체를 퇴색시켜 객관적인 판단력을 상실하게 만든다. 그러므로 논리적 사고에서 정서적 의미가 두드러진 말과 글에 대해 우리는 큰 의미를 가질 필요가 없다.

예를 들어, "의지가 강하다."라는 말에 정서적 의미로 "고집이 세다."라고 표현할 수 있으며 더욱 더 부정적인 의미로 강화시키면 "똥고집이다."라고 표현할 수 있다.

> "자신의 소신을 굽히지 않고 온갖 풍파에도 흔들리지 않는 그녀는 의지가 강한 사람이다."
> → "자신의 소신을 굽히지 않고 다른 사람의 의견을 듣지 않는 그녀는 고집이 센 사람이다."
> → "그녀는 사사건건 참견하며 자신의 주장을 밀어 붙이는 똥고집의 사람이다."

다음 사례는 긍정적인 의미가 강화된 이름에서 느껴지는 사회적 반응에 대해 예를 들어 설명한 글이다.

> "미국의 어느 국립공원에서는 슈가플럼(sugarplum)이라고 불리는 흑곰을 사살하라는 공문을 산림 경비대원들에게 보냈다. 신문기자들이 이 기사를 신문에 싣자마자 주민들로부터 항의 전화가 빗발쳤다. 그들은 흑곰을 애완용 동물로 간주해야 한다고 생각한 것이다. 흑곰을 사살해야 된다고 판단한 이유는 그 곰의 포악한 성질과 공원을 찾아오는 사람들을 해할 위험이 있기 때문이었다. 그러나 풍자적인 농담으로 이름 지어진 '슈가플럼'은 그 곰을 사랑스런 장난감 곰 인형으로 생각하게 만든 것이다. 만일 공원 측에서 그 곰을 '사악한 잭'이라고 불렀다면 주민들이 항의하는 사태는 일어나지 않았을 것이다."

예제 "의분을 낸다."는 말을 정서적으로 부정의 의미가 강화된 말로 바꿔보면 "화를 잘 낸다."이다. 이보다 더 부정적 의미가 강화된 언어로 표현해보시오.

풀이 "괜히 날뛴다." 또는 "쓸데없이 화를 낸다."

예제 "세심하다"를 정서적으로 부정의 의미가 강화된 말로 바꿔보시오.

세심하다. → 소심하다. → □□을 잘한다. → □□□가 심하다.

풀이 세심하다. → 소심하다. → 참견을 잘한다. → 잔소리가 심하다.

예제 다음 낱말을 정서적으로 긍정의 의미가 강화된 낱말로 표현해보시오.

(ㄱ) 관료 (ㄴ) 문둥병 (ㄷ) 몽고증
(ㄹ) 불구자 (ㅁ) 청소부

풀이 (ㄱ) 공무원 → 공복
(ㄴ) 나병 → 한센병
(ㄷ) 다운증후군(Down Syndrome)
(ㄹ) 신체장애자 → 신체장애우
(ㅁ) 환경미화원

장애인과 비장애인

장애를 가지지 않은 사람을 『정상인』이라고 부르는 대신에 『비장애인』으로 부르는 이유는 "비~"의 의미가 부정적이기 때문이다. 정상인의 입장에서 『비정상인』이 아니라, 장애인의 입장에서 『비장애인』으로 부르는 것이 좋을 것이다.

한 문장에서 어떤 말이 놓이는 위치에 따라 전혀 다른 느낌을 받을 수 있다. 즉 주어(부)가 가지고 있는 여러 가지 속성이나 특징 가운데 강조되거나 특히 주장하고 싶은 말이 있을 때, 그 문장의 맨 끝에 강조하고 싶은 말을 놓게 되면 다른 어떤 말보다 맨 끝에 놓인 말에 감정이 이끌려 청자에게 호소력 있는 주장을 전달하게 된다.

예를 들어, 다음 두 문장을 비교해보자.

(가) "박정희 전 대통령은 민주주의 발전을 후퇴시켰지만, 눈부신 경제발전을 일으킨 인물이다."
(나) "박정희 전 대통령은 눈부신 경제발전을 일으켰지만, 민주주의 발전을 후퇴시킨 인물이다."

첫 번째 문장은 우리나라 민주주의 발전에 악영향을 끼쳤음에도 불구하고 경제발전에 공헌한 업적을 치켜세우고 있는 문장이다. 반면에 두 번째 문장에서는 경제발전에 공헌한 대통령이었지만 민주주의 발전을 저해한 부정적인 인물로 느껴지게 만든다.

다음은 정서적 기능의 효과를 잘 표현한 글이다. 정서적 기능을 가진 두 개의 상이한 어구를 찾아보고 그것이 실제적으로 무엇을 의미하는지를 생각해보자.

> "원자폭탄은 지금까지 인간에 의해 고안된 가장 위대한 평화 중재자일 수 있다. 과거 세계 여러 곳에서, 안전하고 안락한 의자에 앉아 있는 소수의 호전적인 늙은이들은 평화를 사랑하는 수많은 젊은이들을 전장에 내보내어 서로 죽이고 죽게 할 수 있었다."

먼저 '평화 중재자'라는 말은 원래 전쟁을 종식시키고 대립하는 두 진영을 설득하여 평화를 이루어내는 사람 또는 단체를 말한다. 그러나 여기에서는 불행하게도 『원자폭탄』이란 치명적인 무기를 일컫는 말로 사용하고 있다. 이는 마치 원자폭탄이 전쟁을 종식시키고 평화를 가져오게 하는 구세주로 잘못 묘사하고 있다. 원자폭탄을 소유하므로 가공할 만한 위력 앞에 그 누구도 감히 전쟁을 일으키지 못한다는 의미에서 '평화 중재자'로 표현하고 있다.

그 다음으로 부정적인 의미를 가지고 사용한 어구로 『호전적인 늙은이들』이라는 말을 들 수 있다. 『호전적인 늙은이들』의 의미는 많은 젊은이들을 전장에 내보내 목숨을 잃게 한 군 지도자들을 묘사한 것으로 『원자폭탄』에 정서적으로 반대되는 개념으로 사용되었다.

2) 정보적 기능

언어가 특정한 정보를 전달하는 기능으로 사용되는 경우를 말한다.

정보의 중요성, 진리성에 무관하게 사실을 기술하거나 보고하는 평서문에서 나타난다.

논리적 사고에 가장 적합한 언어적 기능이라고 할 수 있다.

다음은 한 신문사의 기사내용이다. 언어의 정보적 기능을 잘 설명해주는 글이라 하겠다.

"쿠바의 지도자 피델 카스트로(81)가 국가평의회 의장직과 군 최고사령관직에서 사임했다. 1959년 쿠바 혁명을 주도하며 실질적 권력자로 군림해온 지 49년 만에 권좌에서 물러난 것이다.

쿠바 공산당 기관지는 "카스트로가 자필 서명한 성명서를 통해 평의회 의장직과 군 통수권을 더 이상 맡지 않겠다는 뜻을 공식 피력했다."고 보도했다. 카스트로는 성명서에서 "나는 평의회 의장직과 군 최고사령관직을 바라지도 않고 받아들일 의사도 없다."고 말했다.

3) 지시적 기능

말하는 사람이나 글은 쓴 이가 다른 사람의 행동을 유발하거나 금지시키려는 목적을 가지고 언어

활동을 할 때 나타난다. 언어의 지시적 기능은 명령이나 요청 등에 흔히 나타난다. 지시적 기능이 두드러진 문장은 논리적 사고와 크게 관계하지 않는다.

다음은 지시적 기능을 잘 설명해주는 어느 제약회사의 약품 설명서이다.

주의사항

매일 세 잔 이상 정기적으로 술을 마시는 사람이 이 약이나 다른 해열진통제를 복용해야 할 경우 반드시 의사 또는 약사와 상의해야 한다. 다음과 같은 사람이 이 약을 복용하면 위장출혈이 유발될 수 있다. 살리실산제제에 과민증의 병력이 있는 환자, 소화성 궤양환자, 아스피린 천식이 있는 환자, 혈우병 환자, 심한 간 장애환자, 심한 신장 장애환자.

4) 복합적 기능

말이나 글이 몇 가지(정서적, 정보적, 지시적) 기능들을 동시에 가지는 경우를 말한다.

예를 들어, 어떤 여자가 꽃집 앞에서 남자친구에게 "장미가 너무 아름답다!"라고 말한다면, 그것은 바로 다음과 같은 복합적 의미를 포함하고 있는 것이다.

(가) 장미가 아름답다!

(나) 장미를 갖고 싶다.

(다) 자기야, 장미 좀 사줘~

첫 번째는 정서적 의미를, 두 번째는 정보적 의미를, 마지막은 지시적 의미를 가진다.

예제 다음은 어느 리조트 회사의 광고문이다. 이 광고문을 읽고 이 광고문이 독자들에게 주고 있는 복합적 메시지들을 찾아보시오.

> "태평양의 드넓은 바다가 펼쳐지고 마음까지 트이는 맑은 공기를 만끽할 수 있는 마리아나 제도의 괌. 서울에서부터 2,590km 거리에 위치한 이곳은 약 4시간 정도 날아가면 도착할 수 있는 천혜의 섬이다. 시차가 한국과 1시간 정도밖에 남지 않는다. 이 아름다운 섬은 사람들이 매우 많이 찾는 명소임에도 불구하고 깨끗한 공기를 유지하고 있다."

풀이 (ㄱ) 정서적 의미 : "괌은 마음까지 트이는 맑은 공기를 만끽할 수 있는 아름다운 섬이다."

(ㄴ) 정보적 의미 : "마리아나 제도에 속하고, 서울에서 2,590km 거리에 있고, 4시간 정도 걸리며, 시차는 1시간, 그리고 청정지역이다."

(ㄷ) 지시적 의미 : "괌으로 여행을 떠나라."

6.2 언어의 올바른 표현

상황에 따라 옳고 그름이 변할 수 있는 낱말은 신중하게 사용되어야 한다.

예를 들어, 『언제나』, 『결코』, 『모든』, 『절대로』, 『항상』 등의 낱말은 문장이나 단락에서 확실성을 함축하는 낱말이므로 주의하여 사용되어야 한다.

다음 제시된 문장들 속에서 『언제나』라는 낱말이 올바르게 사용되고 있는지를 살펴보기로 하겠다.

"열린 용기에 부어지는 물은 언제나 그 용기의 가능한 가장 낮은 면으로 떨어진다."

만일 물이 우주 궤도를 돌고 있는 우주선 속의 용기에 부어진다면 무슨 일이 일어나겠는가? 그 물은 절대로 가장 낮은 면으로 떨어지지 않을 것이다. 그렇다면 『언제나』라는 말은 절대적으로 올바른 것이 아니다.
『언제나』라는 말은 어떤 상황에서도 예외가 없음을 의미한다. 그래서 『언제나』와 같이 문장에서 확실성을 함축하는 말로 사용되는 『결코』, 『모든』, 『절대적으로』, 『항상』 등의 낱말들은 신중하게 사용되어야 한다.

1) 명료한 표현

우리의 사고가 물 흐르듯이 부드럽게 흘러가야 한다. 즉 우리의 지식이 논리적 사고에 의해서 표현되어야 한다는 것이다. 여기서 논리적 사고란 간단히 일의 전후좌우를 순서대로 바르게 나열하는 것이다. 그러므로 머릿속에 떠오르는 입체적 사고들을 적절한 순서에 의해 표현해야 한다.

예를 들어, 다음은 물이 증발하여 비가 내리기까지의 과정들을 순서 없이 제시한 것이다. 그래서 훨씬 이해하기 쉽고 쉬운 설명이 되기 위해서는 순서 없이 제시된 문장들을 명료하게 재배치할 필요가 있다. 다음을 순서에 맞게 명료한 문장들로 재배치해보겠다.

"① 이 작은 물방울들은 비가 되기에 충분할 정도로 점점 커지게 된다. ② 그 다음에는 바람이 수증기를 산 위로 날려 보낸다. ③ 대기의 높은 곳에 오르면 수증기는 냉각되는데 이러한 수증기 냉각은 수증기를 응축시켜 구름 속에서 작은 물방울을 만든다.
④ 햇빛은 바닷물을 가열시키고 바닷물을 대기 속으로 증발시키게 한다."

▼

"④ 햇빛은 바닷물을 가열시키고 바닷물을 대기 속으로 증발시키게 한다. ② 그 다음에는 바람이 수증기를 산 위로 올려 보낸다. ③ 대기의 높은 곳에 오르면 수증기는 냉각되는데 이러한 수증기 냉각은 수증기를 응축시켜 구름 속에서 작은 물방울을 만든다. ① 이 작은 물방울들은 비가 되기에 충분할 정도로 점점 커지게 된다."

2) 정확한 표현

정확한 표현으로 자신의 글을 주장하지 못하는 경우가 때때로 발생하게 된다. 첫 번째, 상식이라고 생각되는 사실이나 타자의 입장이 아니라 자신의 입장에서 말이나 글을 주장할 때 흔히 발생한다.

두 번째, 주체(주어)가 누구인지 생략하는 경우이다. 자신에게 당연하더라도 주어나 주체를 분명히 명시해서 정확한 표현을 한다.

세 번째, 문장 속에서 대상에 적용되지 않는 예외적인 영역이 없는지를 검토한다. 그래서 가능한 한 그 예외 사항까지도 모두 포함될 수 있는 용어나 어구를 선택한다.

다음 글을 정확한 표현으로 바로 잡기 위해서 우리가 할 수 있는 몇 가지 질문들을 해보겠다.

"학교에서 모든 사람이 지금 갖고 있는 가장 큰 문제는 대학에 들어가는 문제이며, 어떻게 하면 그가 첫 번째로 선택한 대학에 들어가느냐 하는 문제이다."

첫째, 학교에서 "모든 사람에게 가장 큰 문제"가 대학에 들어가는 것인가? 대학에 진학할 생각이 없는 사람들에게는 예외가 되지 않겠는가?

둘째, 여기서 말하고 있는 학교부류는 무엇인가?

셋째, "첫 번째로 선택한 대학"이 ① 처음 지원한 대학을 의미하는가? 아니면 ② 처음 희망한 대학을 의미하는가?

이러한 질문들을 바탕으로 다음과 같이 정확하게 다시 쓸 수 있다.

"대학에 가려고 하는 고등학교 학생들이 직면한 주요 문제들 중 하나는 대학에 들어가는 것이며, 특히 학생이 희망하는 대학에 들어가는 것이다."

예제 다음 문맥에서 정확하게 표현되지 않은 부분을 찾아 정확한 표현으로 정리해보시오.

> "프랑스인과 영국인은 매우 다르다. 그들은 좀 더 냉정하고 이성적이다."

풀이 이 문장에서 『그들』이 프랑스인을 가리키는지, 아니면 영국인을 가리키는지 정확하지 않다. 사실 독자들은 각 개인적 판단에 따라 짐작할 가능성이 많다. 프랑스인보다 영국인이 좀 더 냉정하고 이성적이라고 생각하는 사람은 『그들』이 영국인을 가리킨다고 생각할 것이다. 그러나 영국인과 프랑스인에 대한 경험이 없거나 그들의 성향에 관한 지식이 없는 대부분의 사람들은 『그들』이 누구인지 혼란스러워 할 것이다. 객관적으로 위의 글을 다시 정리하면 다음과 같다.

"프랑스인과 영국인은 매우 다르다. 영국인은 프랑스인보다 좀 더 냉정하고 이성적이다."

〈연습문제〉

1. 다음 낱말을 부정적 또는 긍정적인 정서가 강화된 의미의 낱말로 표현해보시오.
   (ㄱ) 영리하다(눈치가 빨라 민첩하고 똑똑하다)
   (ㄴ) 무난하다(특별한 어려움이나 거리낌이 없다)
   (ㄷ) 나대다(얌전히 있지 못하고 철없이 촐랑거리다)

2. 누군가가 "배고프다."라고 나에게 말했다면, 나는 어떤 이해와 그에 따른 반응을 할 수 있는지 다음 보기에 따라 그 의미를 설명해보시오.

보기

(ㄱ) 정서적 기능	(ㄴ) 정보적 기능	(ㄷ) 지시적 기능

3. 다음 글을 정확하고 명료한 글로 다시 정리해보시오.

   "아메바는 연못 속의 작은 식물들을 먹고사는 아주 작은 동물이다. 그것들을 연구하려면 현미경이 필요할 것이다. 실험을 수행하려면 1주일 간 당신의 배양조직에서 그것들을 발육시켜 둘 필요가 있다. 당신은 흔히 연못 바닥에서 퍼 올린 진흙 속에서 그것들을 발견할 것이다. 연못에서 약간을 채집해 병 속에서 그것들을 배양하라. 약 100배 크기로 확대하면 그것들이 제대로 보일 것이다."

4. 다음 글을 정확하고 명료한 글로 다시 정리해보시오.

   "지도자의 책임을 맡고 있는 사람들과 다르게 봉사의 수행이 우선적인 자기 역할인 사람들의 주된 행동양식은 지도자들이 부과하는 의무에 응하는 것이었던 것 같다. 오늘날 이와 가장 비슷한 의무는 시민들이 수행하는 군복무다. 이집트 관료체제의 지도자에게는 그런 비상사태가 필요 없었다."

5. 다음 문장들의 문제점을 분석하여 정확한 문장으로 다시 정리해보시오.
   (ㄱ) 베이브 루이스는 모든 시대에 가장 유일무이한 야구선수였다.
   (ㄴ) 당신은 나무들이 벌레 병 때문에 곤란을 겪는 것을 볼 수 있다.
   (ㄷ) A회사는 그가 외국인이기 때문에 그의 관리자들로부터 평판이 좋았던 어떤 노동자를 해고했다는 이유로 고발되었다.

제7장

논증

7.1 논증

어떤 주장과 그 주장에 대한 근거로 구성되어 있는 것이 논증이다. 또한 논증은 참과 거짓인 문장인 명제들로 이루어져 있다. 여러 명제들로 이루어져 있는 논증은 크게 두 부분으로 나눌 수 있는데, 주장하고 있는 명제와 주장을 뒷받침해 주는 명제로 이루어진다. 전자를 결론(conclusion), 후자를 전제(premise)라고 말한다.

예를 들어, "용감한 사람은 미인을 얻을 자격이 있다. 서동은 용감하다. 그러므로 서동은 미인 선화공주를 얻을 자격이 있다."는 논증이다. 앞의 두 명제 "용감한 사람은 미인을 얻을 자격이 있다."와 "서동은 용감하다."는 전제이며, 마지막 명제 "그러므로 서동은 미인 선화공주를 얻을 자격이 있다."는 결론이다.

예제 다음 두 전제로부터 얻게 되는 결론을 말해보시오.

전제1 : 낙관전인 사람은 성공할 확률이 높다.

전제2 : 처칠은 낙관적인 사람이다.

풀이 결론은 "그러므로 처칠은 성공할 확률이 높다."이다.

종합해보면 앞의 논증들은 다음과 같은 형식을 가진다.

전제1 : P이면 Q이다.

전제2 : P이다.

결론 : 그러므로 Q이다.

논증을 이루는 구성요소는 한 개 이상의 전제와 결론으로 되어 있다. 그러나 이와 같은 구성요소로 되어 있다고 해서 항상 타당한 논증이 되진 않는다. 논증이라고 할 때 그 논증은 이미 타당한 것을 전제로 한다. 그래서 타당하지 않은 논증은 간단히 논증이 아니다.

어떤 진술이 타당한지 타당하지 않은지를 판단하는 근거는 전제와 결론 사이의 관계에 의해서 결정된다. 만일 전제가 결론을 충분히 지지하는 방향으로 주장한다면 그 진술은 타당하다고 말하고, 논증이 되는 것이다. 즉 전제들로부터 자연스럽게 결론에 이르게 될 때 논증이 되는 것이다.

아나톨 프랑스는 "가난은 나에게 삶이 주는 유용한 선물들의 진정한 가치를 가르쳐 주었다. 그래서 나는 나를 가난하게 태어나게 한 운명에 감사한다."고 말했다.

언뜻 보면 가난하게 태어난 것이 어떻게 감사의 이유가 되는지 이해되지 않을 것이다. 그러나 그의 진술을 전제와 결론으로 다시 정돈해보면 그것이 논증이 됨을 알게 된다.

전제 : 가난은 나에게 삶이 주는 유용한 선물들의 진정한 가치를 가르쳐 주었다.
결론 : 나는 나를 가난하게 태어나게 한 운명에 감사한다.

1) 논증과 추론

우리의 사고 과정에서 어떤 생각을 근거로 해서 다른 생각을 이끌어내는 데 이와 같은 사고 과정을 추리 또는 추론(inference)이라고 한다. 추론의 과정을 언어로 표현한 것이 논증이다. 다시 말해서 논증은 추론의 내용이 된다.

추론의 결론은 반드시 추론의 전제에서 제기되었던 것들의 직접적 결과는 아니다.
추론은 거짓 전제로부터 결론을 이끌어 낼 수도 있다. 그런 경우를 귀류법(reduction)에 의한 추론이라 한다.

귀류법은 참인 전제로부터 결론이 참이 됨을 직접 증명하지 않고 전제의 부정이 참이라고 가정하면 결론이 거짓이 될 수밖에 없는 모순에 이르게 됨을 보이는 간접적 증명방법이다. 그러므로 부정된 전제가 참이라는 가정이 거짓이고 원래의 전제가 참일 수밖에 없다는 결론에 도달하게 된다.

추론의 예를 들어보겠다.

> "토요일 오전에 정희는 자신의 차로 운전하여 시각장애자 용수와 함께 북쪽으로 여행을 떠났다. 정희의 실수로 그들은 북쪽을 향하여 가고 있었다. 그 순간 용수는 자신들이 반대 방향으로 가고 있음을 깨닫게 되었다. 용수는 자신의 왼쪽 팔에 햇볕이 강하게 내리쬐는 것을 느꼈기 때문이다. 용수는 반대방향으로 가고 있다고 말했지만 정희는 용수의 말을 듣지 않았다. 그러나 몇 분 후 도로 표지판을 보고서야 정희는 자신의 실수를 인정하게 되었다."

시각장애자 용수는 어떻게 그것을 알았을까? 그는 다음의 추론에 의해 그 사실을 알았을 것이다.

추론과정 :
(가) 용수는 차의 앞좌석 오른쪽에 앉았다.
(나) 시간이 오전이므로 해는 용수의 동쪽에 위치해 있어야 한다고 추론한다.
(다) 용수의 왼쪽 팔이 따뜻해졌기 때문에 해가 차의 왼쪽에서 비추고 있음을 추론한다.
(라) 그러므로 용수는 남쪽으로 차가 가고 있음을 추론한다.
(마) 정희와 용수는 북쪽으로 가기로 되어 있었다.

(바) 결국 자신들이 반대방향으로 가고 있음을 추론하였다.

위의 이야기를 논증형식으로 다시 정돈하면 다음과 같다.

전제1 : 오전에 해는 북쪽을 향해 가는 사람의 오른쪽을 비추게 된다.
전제2 : 왼쪽에서 해가 비춘다.
결론 : 그러므로 차는 남쪽을 향해 가고 있다.

추론은 우리가 알고 있는 지식을 이용해서 어떤 상황이나 문제에 접하게 되었을 때 유용한 해결책이나 대처방안을 생각해내게 한다. 그러므로 올바른 추론을 위해서는 지식이 필요다. 많은 지식을 가지고 있을 때, 그 지식을 바탕으로 창조적이며 올바른 추론을 하게 된다.

다음 재미있는 이야기를 읽으며 지식이 없는 사람은 웃을 수도 없다는 말의 의미를 간접적으로 경험해보자.

어느 초등학교에 시찰 나온 장학사는 비스듬히 기울어져 있는 지구본을 보고 학생에게 물었다.

장학사 : 이 지구본이 왜 기울어져 있지?
학생 : 제가 만지지 않았는데요.
장학사 : 아니, 학생은 이 반 학생이 아닌가? 이 지구본이 왜 기울어져 있는지 모른단 말인가?

장학사는 다시 담임선생님에게 나무라듯이 말했다.

장학사 : 선생님! 이 학교에서는 학생들 교육을 대체 어떻게 시키는 겁니까?
담임 : 처음 지구본을 사올 때부터 그랬습니다.

장학사는 매우 답답한 듯 언성을 더욱 높이면서 물었다.

장학사 : 선생님도 이 지구본이 왜 기울어져 있는지 모른다는 말입니까?
교장 선생님! 이게 도대체 어떻게 된 겁니까?
교장 : 아마, 불량품이라서 그럴 겁니다.

예제 다음 상황에서 A씨가 추론을 통해 대처할 수 있는 모든 행동들을 생각해보시오.

> "거실에서 책을 읽고 있던 A씨는 점점 어두워져 책을 읽을 수 없게 되자 전기 조명의 전원을 켰다. 그러나 조명의 불은 켜지지 않았다."

풀이 추론과정:

(가) 전구가 나갔나? 새 전구를 갈아 끼워도 불은 들어오지 않았다.
(나) 플러그가 빠졌나? 플러그는 제대로 꽂혀 있었다.

(다) 전기선이 끊어졌나? 다른 불도 켜지지 않았다.
(라) 전기회사의 문제로 정전되었나? 이웃집은 환하다.
(마) 차단기가 내려져 있나? 차단기에 문제가 없다.
(바) 누전되는 곳이 있나? 누전되는 곳은 없었다.
(사) 과전압으로 차단기가 내려졌나? 다림질과 전기히터를 함께 사용했다

2) 논증의 규칙

(1) 전제와 결론을 구분

때로는 논증에서 전제와 결론의 순서가 일정하게 나타나지 않기 때문에 먼저 결론을 찾고 그 다음 전제들을 찾는 것이 중요하다. 그렇게 할 때 논증을 잘 이해할 수 있게 된다. 그러나 단락 안의 문장들이 모두 전제나 결론이 되는 것은 아니다. 단지 문장 가운데 결론을 지지해주는 문장이 전제가 되며, 어떤 경우에는 함축된 전제를 단락 안에서 이끌어내야 한다.

다음 논증에서 전제와 결론을 찾아보자.

> "단 하나의 우주가 가능할 뿐이다. 왜냐하면 우주 밖에 있는 것은 어느 것이든 그것이 밖에 있으므로 해서 우주와 상호관련을 맺고 있는 것이며, 따라서 결국 우주의 한 부분을 이루는 것이기 때문이다."

이 논증에서 결론이 문장의 첫 번째로 나왔으며 그 다음으로 두 개의 문장이 전제로 나오고 있다. 전제1은 "우주 밖에 있는 것은 어느 것이든 그것이 밖에 있으므로 해서 우주와 상호관련을 맺고 있다."이며, 전제2는 "우주 밖에 있는 것은 어느 것이든 우주의 한 부분을 이룬다."이다.

다음 논증은 전제들이 앞부분에 나타나고 결론이 마지막에 나타나는 전형적인 예이다.

> "지환은 감기가 심해져서 산 속의 온천에서 목욕을 하였다. 그 온천에서 목욕을 하고 주변 나무의 열매를 따먹었더니 감기가 깨끗이 나았다. 이전에도 그 온천에서 목욕하고 주변 나무의 열매를 따먹고 감기가 좋아진 적이 있었다. 그래서 지환은 온천과 나무열매가 감기에 특효약이라고 생각한다."

결론은 "지환은 온천과 나무열매가 감기에 특효약이었다고 생각한다."이며, 전제는 결론의 앞부분에 나와 있는 문장들이다.

우리는 말을 하지 않아도 추론할 수 있는 능력을 통해서 전제와 결론을 구분하고 짐작할 수 있

다. 생략된 전제나 결론을 파악하는 것은 논리적 탐구에서 반드시 필요한 문제이다. 생략된 전제나 결론에는 의도가 숨어 있고 말하고자 하는 핵심이 담겨져 있다.

예를 들어, "모든 강아지는 죽는다. 따라서 소크라테스는 죽는다."

누구든지 이런 문장을 들으면 이상하다고 생각할 것이다. 그러나 만일 이 문장이 올바르게 표현된 것이라면 생략된 전제가 있다는 것을 알아차리게 된다.

"소크라테스는 강아지다."라는 문장을 삽입해 놓는다면 전혀 문제가 되지 않을 것이다. 여기서 소크라테스는 강아지의 이름이다.

전제1 : 모든 강아지는 죽는다.
전제2 : 소크라테스는 강아지다.
결론 : 그러므로 소크라테스는 죽는다.

예제 다음 논증의 재구성을 통해 전제와 결론을 찾아보시오.

> "인간이 죽는다는 것은 만고불변의 진리다. 불사의 생을 추구하여 불로초를 구하려 애쓴 진시황은 역시 인간이었다."

풀이 위의 논증을 재구성하면 다음과 같을 것이다.

전제1: 모든 인간은 죽는다.
전제2: 진시황은 인간이다.
결론: 그러므로 진시황도 죽는다.

논증의 예

(가) "가게에서 현금으로 물건을 사면 1만 원, 신용카드를 내면 1만 1천 원이라고 한다. 소비자들이 현금을 낼 확률이 높다. 같은 양의 이득으로 오는 만족보다 손실이 주는 심리적 충격이 더 크기 때문이다."

(나) "무리수, 요즘 우리 사회를 지배하는 키워드다. 어느 정권이 무리수를 둔다면 그 배경은 욕망과 초조감일 것이다. 이런 배경에서 나오는 무리수가 요즘 우리 사회를 지배한다. 무리수는 언제나 논란을 불러온다. 그래서 하수인이 필요하다. 그러나 하수인들은 주어진 작은 권력에 취해 무리를 하는 경향이 있다. 집권연장을 위해 무리수를 두는 정권을 위해 앞장서다 불행을 겪는 하수인이 더 이상 없기를 바란다." (한겨레신문 사설)

(다) "펌프로 샘물을 퍼 올리려면 펌프장치 안에 먼저 한 바가지 정도의 물을 부어야 한다. 펌프와 샘을 이은 파이프 안의 공기를 없애기 위한 것인데 이를 마중물이라 한다. 마중물을 붓지 않고는 아무리 펌프 지렛대를 움직여도 공기만 퍼 올릴 뿐이다. 마중물을 붓고 펌프질하면 처음에는 마중물이

흘러나오다가 이어 샘물이 올라온다. 경기후퇴 때 정부가 재정지출을 늘리는 것은 경제라는 펌프 안에 마중물을 붓는 것과 비슷하다. 경제가 스스로 굴러갈 수 있도록 하기 위해서다. 재정을 계속 쏟아 부어야 경제가 굴러간다면 이는 끝없이 마중물만 퍼붓는 격이다. 지난 1분기 우리 경제의 전기 대비 성장률이 0.1%로 플러스 성장을 했다고 해서 화제다. 사실 0.1%라는 수치는 0.0517%를 반올림해서 나온 것이다. 그것을 경기 부양책의 성공사례로 추어올리는 것은 낯간지럽다. 마중물이 흘러나오는 것을 보고 환호성을 질러선 안 된다. (한겨레신문 사설)

(라) "조선은 시험의 나라였다. 출세하는 길은 과거에 합격하는 것뿐이었다. 그래서 다들 과거에 매달렸다. 그 갈망을 채우려고 조선 후기에는 정규시험인 식년시를 제치고 각종 별시가 대세를 이루었다. 별시는 당연히 특권층 자제에 유리했다. 당시 1차 시험 합격자 수가 300명이었다. 유력가문의 자제는 1차 시험만 합격하면 따 놓은 당상인 것이 별시였다. 이처럼 조선의 과거시험은 인재를 널리 구한다는 본래 취지에서 멀찌감치 벗어났다. 특히 별시는 양반사회의 당파성을 심화시키는 부정적인 구실을 했다. 중국에서는 이런 별시가 없었다. 과거 합격자도 전국의 수백 수천 가문에서 비교적 골고루 나왔다. 하지만 조선에서는 겨우 수십 개의 가문이 과거를 독점했다. 부와 권세와 명망이 일부 양반에게 집중된 것이다. 이런 '쏠림 현상'의 주범이 조선시대의 과거시험 바로 별시였다. 오늘날 우리 사회도 만찬가지다. …

그러므로 정부가 내놓은 교육정책은 돈 놓고 돈 먹기 식의 불공정거래이다." (한겨레신문 사설)

예제 위의 논증 (라)의 나머지 부분을 완성해보시오.

풀이 오늘날 우리 사회도 만찬가지다. 특권층의 자제들은 특수 중학교와 특수목적 고등학교를 거쳐 거뜬히 명문대학에 진학한다. 그들이 장차 부와 권력과 명예를 독점할 것은 분명한 사실이다. 이런 현상은 요즘에 들어와서 몇 배 강화되었다.

(2) 논증을 재구성

전제와 결론의 배열은 자기 생각의 흐름을 가장 자연스러운 순서로 전개한다. 그래서 가장 자연스런 순서를 찾아내기 위해서는 논증을 구성하는 문장들을 여러 차례 다시 배열해봐야 한다.

다음은 순서가 잘못된 예이다. 논증을 재구성하여 자연스런 순서로 재배열해보자.

"㉠ 세상의 악은 지성의 결핍과 도덕적 결함에서 비롯된다. ㉡ 따라서 도덕을 가르칠 수 있는 방법을 발견할 때까지 도덕보다는 지성의 향상을 꾀함으로써 진보가 추구돼야 한다. ㉢ 반면에 지성은 유능한 교육자들에게 잘 알려져 있는 방법들을 통해 쉽게 길러진다. ㉣ 그러나 인류는 지금까지 도덕적 결함을 근절할 수 있는 그 어떤 방법도 발견하지 못했다."

▼

> "㉠ 세상의 악은 지성의 결핍과 도덕적 결함에서 비롯된다. ㉣ 그러나 인류는 지금까지 도덕적 결함을 근절할 수 있는 그 어떤 방법도 발견하지 못했다. ㉢ 반면에 지성은 유능한 교육자들에게 잘 알려져 있는 방법들을 통해 쉽게 길러진다. ㉡ 따라서 도덕을 가르칠 수 있는 방법을 발견할 때까지 도덕보다는 지성의 향상을 꾀함으로써 진보가 추구돼야 한다." (러셀의 논증)

(3) 설득력 있는 전제

전제로부터 결론에 도달하게 되는데 전제가 설득력이 없다면 결론 역시 설득력이 없게 된다. 그래서 신뢰할 수 있는 전제에서 시작해야 한다. 만일 전제의 신뢰성을 확신할 수 없다면 약간의 조사를 필요로 한다. 전제를 적절하게 논증할 수 없는 경우 그 전제를 포기해야 한다.

다음은 전제가 설득력 없는 잘못된 예이다.

> "오늘날 이 세상의 모든 사람들은 행복하지 않다. 따라서 행복은 사람에게 주어지는 것이 아니다. 그렇다면 왜 사람들은 얻을 수 없는 행복을 위해 일하는 것일까?"

위의 글을 논증형식으로 다시 재구성하면 다음과 같다.
전제 : 오늘날 이 세상의 모든 사람들은 행복하지 않다.
결론 : 사람들은 행복을 추구할 필요가 없다.

(4) 구체적이고 간명하게 표현

추상적이고 모호한 용어를 피한다. 허황될 정도로 상세한 글은 오히려 목표를 잃게 할 수도 있다.

다음은 추상적으로 용어를 사용한 잘못된 예이다.

> "지도자의 책임을 맡고 있는 사람들과 다르게 봉사의 수행이 자기 역할인 사람들의 주된 행동 양식은 지도자들이 부과하는 의무에 응하는 것이었던 것 같다. 물론 어떤 특별한 비상 사태가 발생해야 법에 정해진 의무를 구성원들에게 부과 할 수 있는 오늘날과 달리 이집트 관료 체제의 지도자에게는 그런 비상사태가 필요 없었다."

위의 글을 이해하기 쉽게 고쳐 쓰면 다음과 같다.
오늘날 국가 지도자는 비상사태 때 국민에게 법이 병해진 범위 안에서 의무를 부과할 수 있다. 그러나 과거 이집트 관료체제 하의 지도자들은 자신들의 이익을 위해 상시적으로 백성들을 부려먹었다. 백성들은 그렇게 하는 것이 자신들의 의무라고 생각했다.

(5) 감정적 용어 피하기

상대방의 논증을 조롱하거나 왜곡함으로써 자신의 논증을 그럴듯하게 보이려 해서는 안 된다. 왜냐하면 사람들은 나름대로 진지하고 진실한 근거를 기준으로 하여 판단하려고 하기 때문이다. 그러므로 상대방의 의견을 이해하려는 노력이 필요하다. 나의 견해와 다른 것이 나를 반대하는 것은 아니다.

다음의 글은 감정적인 용어를 사용한 예이다.

> "한때 서울의 한복판을 달렸던 노면전차가 쇠퇴한 것은 매우 유감스런 일이다. 따라서 우리는 명예를 걸고 노면전차를 부활시켜야 한다."
>
> ▼
>
> "한때 중요한 여객운송 수단이었던 노면전차의 쇠퇴는 오늘날 환경적 경제적 측면에서 다시 대안이 되고 있다. 자동차도로의 확장은 경제적, 환경적으로 많은 문제점들을 불러일으킨다. 지구온난화의 주범인 이산화탄소 배출량을 줄이기 위해서라고 노면전차의 부활이 필요하다."

(6) 일관된 용어 사용

논증의 성패는 전제와 전제사이의 명확한 연결과 전제와 결론 사이의 명확한 연결에 있다. 그러므로 문맥에서 같은 의미의 용어는 같은 용어를 사용해야 한다.

다음은 같은 의미의 두 용어가 한 문맥에서 사용된 잘못된 예이다.

> "여러 문화에 대한 연구는 인간의 관습이 다양성을 가지고 있다는 것을 알게 한다. 이러한 다양성을 이해하게 되면 다른 문화에 대해 관대해지게 된다. 그러므로 문화의 이해와 지식을 확대해가면 다른 사람들의 관습과 행동을 비판 없이 더 받아들이게 된다."
>
> ▼
>
> "여러 문화에 대한 연구는 인간의 관습이 다양성을 가지고 있다는 것을 알게 한다. 이러한 다양성을 이해하게 되면 다른 문화에 대해 관대해지게 된다. 그러므로 문화의 이해와 지식을 확대해가면 다른 사람들의 관습과 행동에 더 관대해지게 된다."

(7) 한 용어에 한 의미

논증을 전개할 때 한 용어의 의미를 다중의미로 사용해서는 안 된다. 논증에 사용한 중요한 용어들을 정의해두고 정의한 대로만 사용해야 한다.

다음은 같은 용어에 두 가지 의미를 사용한 잘못된 예이다.

"남성과 여성은 신체적으로나 정서적으로나 평등하지 않다. 그러므로 남성과 여성은 평등한 것이 아니다. 따라서 법은 성별에 따라 평등하다고 가정하지 말아야 한다."

첫 문장에서 불평등의 의미는 성별에 따른 신체적, 정서적 차이를 말한 것이다. 반면에 성별에 따른 법의 불평등은 권리와 기회의 불평등을 의미한다.

다시 정리해보면 다음과 같다.

"남성과 여성은 신체적으로나 정서적으로나 같지 않다. 그러므로 남성과 여성은 같은 권리와 기회를 누릴 수 없다."

3) 논증이 아닌 예들

논증인지 논증이 아닌지를 구분하기 위해서 논증이 아닌 글이나 진술에 속하는 비논증의 예들을 소개하겠다.

(1) 신념

자신의 신념이나 믿음을 표현한 진술은 논증이 될 수 없다. 다음 신념의 예를 들어보겠다.

"나는 높은 도덕적 전통과 의식수준을 가진 우리나라와 같은 국가는 갑작스런 경제발전으로 생성된 새로운 가치관 사이에서 생길 수 있는 세계관의 충돌에 대해 어떻게 대처해야 할지를 심각하게 고민하고 우리의 나아갈 길에 대해 방향을 제시해야 할 것이다."

위의 글은 자신의 주장을 증명하는 논증이 아니라 단지 자기의 신념을 제안하고 있을 뿐이다.

(2) 보고

어떤 내용을 단순히 보고하는 글은 논증이 아니다.

다음 보고의 예를 들어보겠다.

"패혈증은 세균 등이 혈액 속으로 유출되어 일어나는 전신의 감염증이다. 화상이나 외상 등에 의한 1차 감염도 있으나 대부분은 이미 체내에 있는 감염소로부터 병원미생물이 혈액 속으로 유출됨으로써 일어난다. 원인이 되는 질환으로서는 절양 등의 피부질환, 편도선염, 중이염, 폐렴, 충수염, 신우신염 등 많은 감염성 증상이 있다."

위의 예에서 보듯이 보고는 어떤 상황이나 사건에 관한 정보를 전달하는 진술로 구성되어 있다. 보고에는 증명을 위한 주장이나 증명된 결론도 없다. 그러므로 논증이 될 수 없다.

(3) 해설

해설에서 작가는 화제가 되는 문장으로 시작한 다음 계속해서 그 화제의 내용을 전개시켜 나간다. 화제 전개의 목적은 증명이 아니라 자세하게 전개해 나가 흥미를 유발시키는 것이다.

다음 해설의 예를 들어보겠다.

> "프로이트에 의하면 인간의 행위는 성적인 에너지가 동인이 된다. 우리의 예술적 행위, 학문적 행위 등은 모두 성적인 에너지가 승화되어 표현된 것에 지나지 않다는 것이다. 또한 우리의 꿈이나 농담도 성적인 에너지가 변형되어 표출된 것이라 말한다."

위의 예는 논증과 유사해보일 수도 있다. 이와 같이 어떤 경우에는 상황에 따라 전개하는 방식이 증명하는 것으로 해석될 수도 있다. 만일 어떤 주장이 다른 주장에 의해서 분명하게 증명된다면 해설도 논증이 될 수 있다.

(4) 예시

하나의 진술에 대해 단순히 그 진술의 예들을 나열하는 경우 논증이라 할 수 없다.

다음 예시의 예를 들어보겠다.

> "섭식장애 환자의 공통적인 심리상태는 남으로부터 인정받고 싶어 하는 욕망에서 비롯되며 무력감, 외로움, 분노, 공격성, 불안 심리를 보이는 신경정신 질환의 하나이다. 예를 들어, 거식증은 남들과의 신체비교에서 뚱뚱하다는 말을 듣는 따위의 단순한 자극에서 생기며, 과식증 또는 폭식증 환자는 날씬한 몸매가 되고 싶다는 심리에서 발생하는데 그런 심리나 기분의 변동을 억제하기 위해 도리어 과식하는 충동이 일어나는 것이다."

때로는 예시의 경우 상술적인 진술처럼 맥락에 따라 논증으로 해석될 수 있다.

(5) 설명

설명은 보통 사실로써 인정된 어떤 현상을 설명할 목적을 가진 하나의 명제 혹은 다수의 명제들로 이루어져 있다. 모든 설명은 두 요소로 구성되어 있는데 하나는 피설명항이고 다른 하나는 설명항이다.

피설명항은 설명될 사건이나 현상을 기술하는 진술이고, 설명항은 설명을 하는 진술 혹은 다수의 진술들이다. 설명은 어떤 것을 증명하려 하지 않기 때문에 논증이 아니다. 그러나 경우에 따라서 어떤 글들은 논증으로 해석될 수도 있다. 논증인지 설명인지 의 판단은 그 글이 사용되는 단락에서 알아낼 수 있다.

다음 설명의 예를 들어보겠다.

> "동환 어머니, 동환이가 이번 중간고사 시험에서 반 꼴찌를 하였습니다. 선생님인 저로서는 매우 안타깝고 혼란스럽습니다. 성적은 그렇지만 동환이의 지능이 우수합니다. 제가 분석한 결과 동환에게는 어떤 일을 해야겠다는 동기가 부족한 것 같습니다."

설명에서는 설명항이 인정된 사실, 즉 피설명항의 뜻을 분명하게 나타내기 위해서 제시되지만, 논증에서는 인정된 사실, 즉 전제가 결론을 증명하기 위해 주장한다.

7.2 논증의 분류

논증은 귀납논증과 연역논증으로 분류된다. 전통적인 두 논증의 구분기준은 "개개의 구체적 예로부터 일반적인 명제나 원리를 유도해내는 논증이냐, 아니면 일반적 원리를 전제로 하여 특수한 다른 명제나 원리를 이끌어내는 논증인가"였다. 전자는 귀납논증(inductive argument)이며, 후자는 연역논증(deductive argument)이다.

귀납과 연역에 대한 이러한 정의는 정확하다고 말할 수 없다. 그렇다고 해서 이런 구분법이 전혀 옳지 않은 것은 아니고 한계성을 가지고 어느 정도에만 적용될 수 있다. 논리학을 체계화시킨 아리스토텔레스는 귀납을 "특수한 것에서 일반적으로 향하는 통로"라고 말했는데 이것의 반대 방향인 "일반적인 것에서 특수한 것"을 연역에 적용시키면서 잘못된 정의를 내리게 된 것이다.

1) 귀납논증

귀납논증과 연역논증의 구분기준은 논증의 추론적 주장의 강도에 있다. 즉 논증의 전제와 결론의 지지관계에 따라 구분된다. 귀납논증에 대한 올바른 정의는 다음과 같다.

귀납논증은 만약 전제들이 참이라 가정할 때 단지 개연적으로만 결론이 참이 되는 방식인 논증이다. 그래서 귀납논증을 《개연적 추리》라고 말한다.

여기서 개연성(probability)이란 어떤 현상의 발생이나 지식에 관한 확실성과 가능성의 정도를 말한다. 수학에서는 확률로 표현되고 철학에서는 확실성의 정도로 표현된다.

다음의 예를 보자.

> "상자에서 가려낸 3개의 사과가 맛이 좋고 즙이 많기 때문에, 그 상자에 있는 모든 사과는 맛이 좋고 즙이 많을 것이다."

위의 논증에서 전제가 참이라고 해도 결론이 참이 될 것이라고 반드시 기대할 수 없다. 단지 전제들이 참이라고 가정할 때 결론이 참일 개연성이 있을 뿐이다. 만일 사과 상자에서 더 많은 것을 확인한다면, 결론이 참일 개연성이 높아지게 되는 것이다.

이와 같이 전제가 참이라고 가정할 때 결론이 참일 개연성의 정도에 따라서 귀납논증이 《약하다》 또는 귀납논증이 《강하다》라고 말한다.

2) 연역논증

연역논증은 만약 전제들이 참이라 할 때 결론이 거짓이 될 수 없는 방식인 논증이다. 그래서 연역논증을 《확실한 추리》라고 말한다. 연역논증은 전제로부터 결론을 논리적 필연성이나 확실성을 가지고 이끌어낼 수 있다고 기대하는 논증이다.

다음의 예를 보자.

> "까마귀는 새이다. 새는 날개와 깃털이 있는 동물이다. 그러므로 까마귀는 날개와 깃털이 있는 동물이다."

위의 논증에서 결론의 내용은 전제의 내용 속에 이미 포함되어 있다. 따라서 전제가 참이라면 결론도 필연적으로 참일 수밖에 없다. 만약 전제가 결론을 뒷받침할 때 그 논증은 《타당하다》(valid)고 말한다. 즉 타당한 논증인 연역논증은 전제들이 참인 것으로 가정될 경우 결론이 거짓일 수 없는 논증이다.

다음 타당한 연역논증의 예를 들어 보겠다.

모든 논리학자는 죽는다. (참)

아리스토텔레스는 논리학자이다. (참)
그러므로 아리스토텔레스는 죽는다. (참)

반면에 타당하지 못한 경우 전제들이 참인 것으로 가정될 때 결론이 거짓일 수 있다. 타당하지 못한 논증은 사실상 연역논증이 아니며 심지어 논증 자체도 되지 못한다.

다음은 타당하지 못한 예이다.

"모든 수학자는 죽는다. (참)
원숭이는 죽는다. (참)
그러므로 원숭이는 수학자이다. (거짓)"

전제가 거짓이고 결론이 참인 타당한 연역논증과 전제가 거짓이고 결론도 거짓인 타당한 연역논증이 있을 수 있다.

■ 타당한 연역논증 ■

	전제	결론
①	참	참
②	거짓	참
③	거짓	거짓

그러나 전제가 참인데 결론이 거짓인 연역논증은 있을 수 없다. 여기서 전제가 참인 연역논증을 《타당하고 바른》 연역논증이라고 말한다. 그러므로 타당하고 바른 연역논증은 전제가 참이고 결론도 참인 경우뿐이다. 타당하고 바르지 못한 연역논증은 전제가 거짓이고 결론이 참이거나 거짓인 논증이다. 위의 표에서 두 번째와 세 번째에 해당된다.

다음은 거짓 전제와 결론이 참인 타당하고 바르지 못한 연역논증의 예이다.

모든 연예인은 남성이다. (거짓)
박지성은 연예인이다. (거짓)
그러므로 박지성은 남성이다. (참)

다음은 거짓 전제와 결론이 거짓인 타당하고 바르지 못한 연역논증의 예이다.

모든 정치인은 남성이다. (거짓)

배우 송혜교는 정치인이다. (거짓)
그러므로 배우 송혜교는 남성이다. (거짓)

예제 다음 논증에 대해 올바르게 설명한 것을 보기에서 고르시오.

> 모든 한국대통령은 서울시장 출신자이다.
> 박원순은 한국대통령이다.
> 그러므로 박원순은 서울시장 출신이다.

(ㄱ) 강한 귀납논증 (ㄴ) 약한 귀납논증
(ㄷ) 바른 연역논증 (ㄹ) 바르지 않은 연역논증

풀이 모든 한국대통령이 서울시장 출신자이며 박원순이 한국대통령이라면 당연히 그는 서울시장 출신자가 맞을 것이다. 그러므로 이 논증은 연역이다. 그러나 두 전제가 거짓이고 결론이 참이므로 이 논증은 바르지 않은 연역논증이다.

7.3 논증의 기본법칙

논리학에서 지켜야 할 네 가지 기본적인 법칙이 있다.

① 동일률 The principle of identity
② 무모순율 The principle of non-contradiction
③ 배중률 The principle of excluded middle
④ 충족이유율 The principle of sufficient reason

논리학에서 이 네 가지 법칙을 무시해 버리면 논리적 사고의 형식은 그 근거를 상실해버리고 만다. 그러므로 어떤 논증을 할 때 이러한 기본법칙들을 위반하지 않기 위하여 주의를 기울여야 한다.

1) 동일률

동일한 사고 과정에서 개념 또는 판단은 동일성을 유지해야 하며 마음대로 다른 것으로 교체해서는 안 된다. 즉 일정한 사고 과정에서 동일한 말은 동일한 뜻과 내용을 지니지 않으면 안 된다는 법칙이다.

형태	A는 A이다.

이 법칙을 위반하여 만일 나를 나라고 할 수 없고 나를 너라고도 할 수 없다면, 우리는 사유가 불가능하게 된다. 이것은 어떤 대상은 그와 다른 대상과 전혀 구별되지 않고 또한 거기에서 자기만의 독특성을 발견할 수가 없으므로 사유가 불가능하게 됨을 의미한다.

다음은 동일률을 위반한 예이다.

> "작곡가 헨델을 음악의 어머니라고 한다.
> 어머니는 여자이다.
> 그러므로 헨델은 여자이다."

위의 예에서 거짓 결론에 이르게 된 원인은 『어머니』라는 낱말의 동일률을 위반하였기 때문이다. 첫 번째 전제에서 사용된 『어머니』는 여성의 의미로 사용된 것이 아닌 반면에, 두 번째 전제에서는 여성의 의미로 사용하고 있다. 그러므로 한 문단에서 동일한 단어는 동일한 의미로 사용되어야 한다.

예제 다음 논증은 동일률을 위반한 예이다. 『상실』이라는 낱말이 어떤 의미로 사용되었는지 설명해보시오.

> "무릇 당신이 상실하지 않은 것은 당신에게 있는 것이다.
> 당신은 뿔을 상실하지 않았다.
> 그러므로 당신에게는 뿔이 있다."

풀이 첫 번째 전제에서 "상실하지 않은 것"은 우리가 본래 소유하고 있었던 것을 말하고, 두 번째 전제에서 "상실하지 않은 것"은 우리에게 본래 없는 것을 말한다. 그러므로 "본래 소유하고 있지 않은 것"을 "상실하지 않았다"는 이유로 "본래 소유하고 있는 것"이라는 결론을 이끌어냈다.

2) 무모순율

어떤 사고나 판단에서든 동일한 시간과 장소에서 서로 모순되는 주장을 해서는 안 된다는 법칙이다.

형태	A는 비A가 아니다.

무엇이 있다고 하면서 동시에 없다고 할 수는 없다. 즉 나는 나인 동시에 내가 아닐 수 없다는 것이다. 사유에 있어서 모순되는 두 가지 중에 하나가 참이면 다른 하나는 반드시 거짓이 되어야 한다는 법칙이다.

예를 들어, "그는 정직하다."라고 말하면서 동시에 "그는 정지하지 않다."고 말해서는 안 된다. 다음은 모순율을 위반한 예이다.

> "토끼 여러분! 만일 저를 숲 속의 왕으로 뽑아주시면 늑대가 절대로 여러분을 못 잡아먹도록 법을 만들겠습니다. 그리고 늑대 여러분! 만일 저를 숲 속의 왕으로 뽑아 주시면 토기를 마음껏 잡아먹을 수 있는 법을 만들겠습니다."

그러나 무모순율은 시간과 공간에 따라 성립조건이 달라질 수 있다.
(1) 다른 시점에 동일한 대상에 대한 두 가지 모순되는 판단은 가능하다.

예를 들어, 생각이 불합리한 어떤 사람이 시간이 흘러 많은 독서나 학문을 넓혀서 합리적인 사람이 될 수 있기 때문에 과거의 그 사람과 현재의 그 사람에 대한 모순된 판단을 내릴 수 있다. 그래서 이 경우 모순율에 위반된 것이 아니다(시간적 차이).

(2) 다른 공간에서 동일한 대상에 대한 두 가지 모순되는 판단은 가능하다.

예를 들어, "대성은 집에서는 얌전하지만 밖에서는 얌전하지 않다."는 공간적 차이에 다른 두 가지 모순된 특징이 있을 수 있음을 보여준다.

(3) 동일한 대상에 대한 다른 측면적 다른 판단은 논리적으로 서로 모순되지 않는다.

예를 들어, "서영은 아름답다"와 "서영은 얄밉다"는 동일한 대상에 다른 측면에서 내린 판단이다. 전자에서 『아름답다』고 한 말은 외면에 대한 판단이고, 후자에서 동일한 대상에 대해 『얄밉다』라고 말한 것은 서영이의 내면에 대해 판단한 것이다. 그러므로 동일한 대상에 대한 서로 다른 판단은 다른 측면에 대한 판단이므로 모순율을 위반한 것이 아니다.

3) 배중률

논리의 전개나 사유 과정에서 동일한 대상은 동일한 시간과 동일한 관계 하에서 어떤 성격을 띠거나 띠지 않을 경우가 있을 뿐, 결코 이것도 아니고 저것도 아닌 제3의 성격을 띨 수는 없다는 법칙이다. 즉 상호 모순되는 두 가지 판단 가운데 오직 하나만 참이고 다른 하나는 거짓이며, 참도 아니고 거짓도 아닌 다른 제3의 판단은 있을 수 없다는 것이다. 배중률은 무모순율을 더 확대한 것이다.

형태	A는 B이거나 혹은 비B이다.

배중률은 긍정과 부정의 대립관계에서 단 한 가지만을 선택해야 한다는 것이다. 즉 긍정적인 판단을 선택하면 부정적인 판단을 버려야 하고 그 반대도 마찬가지이다. 양쪽을 선택할 수 없다는 법칙이다.

다음은 배중률을 위반한 예이다.

> "박쥐는 사자의 생일날에는 자신은 날개가 있으니 날짐승이라고 핑계를 대면서 가지 않았고 봉황의 생일날에는 자신은 다리가 달렸으니 길짐승이라는 이유를 들어가지 않았습니다."

위의 예에서 박쥐가 "날짐승이자 길짐승이다."라는 말하는 것은 《배중률》을 위반한 것이다. 서로 모순되는 두 가지 가운데 한 가지만을 선택해야 하는 것이다. 양쪽 모두를 선택할 수 없다.

4) 충족이유율

논리과정에서 어떤 판단이 진리로 확정되려면 충분한 이유가 있어야 한다는 사고의 법칙이다. 라이프니츠가 처음 만든 이 법칙은 다음과 같은 공식으로 표현된다.

형태	A가 진리인 것은 B가 진리이기 때문이다.

충족이유율은 "원인이 없이는 아무 것도 없다."라는 말에서 그 근원을 찾을 수 있다. 다시 말해서 "모든 것은 그 이유를 가진다."라는 의미를 가진 법칙이다.

↘ 충족이유율을 위반하는 오류들

(1) 근거가 참되지 못한 경우

"인간은 태어나기 전부터 운명이 정해져 있다. 그래서 나는 어떤 노력을 해도 부자가 될 수 없다."

태어날 때부터 운명이 정해져 있다는 생각은 운명론자들의 주장일 뿐이다. 자신의 운명을 스스로 개척하는 것이지 삶이 시작하기도 전에 주어지는 것은 아니다.

(2) 근거와 판단 사이에 필연적 근거가 없는 경우
"오늘 오후에 반드시 눈이 올 것이다. 왜냐하면 어제 오후에 눈이 왔기 때문이다."

어제 눈이 왔었던 것이 오늘 눈이 올 것이라는 예측에 필연적인 근거가 되지 못한다. 만일 이 주장이 올바른 논증이라면 눈은 계속해서 내일도 모레도 내릴 것이다.

(3) 근거가 충분한 이유가 되지 못한 경우
"나는 성적이 오를 것이다. 왜냐하면 나의 선생님의 탁월한 지도력 때문이다."

물론 선생님의 탁월한 지도력을 가지고 있으면 그의 학생들은 좋은 성적을 올릴 가능성이 있다. 그러나 그 이유가 학생의 성적을 올리기에는 충분하지 않다. 그러므로 이 주장은 충족이유율을 위반한 것이다.

7.4 논증적 글쓰기의 원칙

1) 물음에 대해 설명한다.

주장하려는 것에 대한 물음이 무엇인지 진술하고 설명한다. 주장하려는 것의 심각성을 주지시킨다. 물음에 대한 진단을 하면 논증의 목표가 분명해진다.

2) 분명하게 주장을 제안한다.

제안은 구체적으로 해야 한다. 어떤 것이 실행되어야 한다는 주장은 막연할 뿐이다. 어느 누구도 이와 같은 생각을 할 수 있다. 그러므로 주장에 실제적인 제안이 포함되어야 한다.

또한 어떤 주장이나 사건에 대해 찬성하는 입장이라면 그 주장이나 해석에 대해 먼저 진술해야 한다. 상세한 설명은 나중에 충분히 하는 것이 바람직하다.

3) 논증을 충분히 전개한다.

논증을 충분히 전개하는 것이 많은 논증들을 끌어들이는 것은 아니다. 논증 한 두 개에 집중해서 전개해 나가도록 한다. 많은 논증은 독자에게 혼동을 줄 수 있다. 핵심적인 논증에 대해 충분한 전개를 통해 이해하고 수긍하도록 한다.

그리고 원인이 결과에 필연적 영향을 주고 있다는 것을 설명해야 한다. 두 관계를 부드럽게 이

어주는 연결고리를 만들어야 한다. 독자나 청자의 이해를 돕기 위해 신뢰할만한 예를 들어 설명하는 것도 효과적이다.

4) 반론을 고려한다.

자신의 주장에 반대하는 사람들의 의견을 예상하고 대답할 수 있도록 해야 한다. 보통 반대하는 사람들의 질문은 다음과 같을 것이다.

> "당신의 제안이 실현될 가능성이 없다."
> "당신의 제안이 실현되는 데 많은 시간과 돈이 소비된다."
> "당신의 제안은 이미 전에 시도된 적이 있었고 실행이 중단되었다."
> "당신의 제안이 실현될 때 누가 이익을 보겠는가?"

자신의 주장을 외부로부터 방어하기 위해 다른 사람들의 의견을 참고하는 것도 바람직하다. 자신의 주장을 스스로 비판하는 것은 쉽지 않다. 어디에 문제점이 있는지 잘 보이지 않는다.

5) 감정이 실린 단어를 피한다.

많은 글들이 논증의 형식을 가지고 있을 뿐 논증이 아닌 경우가 있다. 감정에 호소하는 오류를 범하게 된다. 왜냐하면 때론 감정에 호소하는 방법이 효율적일 수 있기 때문이다. 독자나 청자의 교육수준이나 연령에 따라 감정적 호소가 쉽게 받아들일 수 있다. 그럼에도 감정에 호소하는 글은 논증이 될 수 없다.

6) 주장뿐만 아니라 대안이 포함되어야 한다.

자신의 제안이 어떤 문제의 해결책임을 보여주는 것뿐만 아니라 다른 해결책보다 훨씬 낫다는 것을 입증해야 한다. 논증은 주장과 해결책을 제시하는 것 이상의 무언가가 있어야 하는데 그것이 획기적인 대안제시인 것이다.

〈연습문제〉

1. 다음 두 전제로부터 결론을 이끌어내시오.

전제1 : 사과할 줄 모르는 사람은 남의 탓만 한다.

전제2 : 그녀는 사과할 줄 모르는 사람이다.

2. 세계최고의 식당으로 뽑힌 스페인의 어느 식당은 의견이 대립될 때 소수의 의견에 따른다고 한다. 예를 들어, 2대 1로 의견이 나뉠 때 한 사람의 의견을 따른다고 한다. 이와 같은 의사결정 방법에 대한 그 이유를 추론해보시오.

3. 다음은 베트남 포로수용소에서 살아남은 스톡데일 stockdale의 진술을 담은 것이다. 그의 진술에서 전제와 결론을 찾아보시오.

"베트남 수용소에서 살아남은 사람들은 낙관론자들이 아니었다. 근거 없이 희망적인 생각만 하는 사람들은 그 환경에 지쳐서 죽어갔고 막연한 낙관론자보다는 현실론자들이 끝까지 살아남았다."

4. 다음 논증에서 생략된 전제를 찾아보시오.

"누구도 내가 처했던 곤경을 알지 못한다. 그래서 누구도 나를 이해할 수 없다."

5. 다음을 논증형식으로 유도해보시오. 즉 전제들과 결론을 찾고 만일 필요하다면 생략된 전제를 찾아보시오.

"개 한 마리가 마구간을 지키고 있었다. 그런데 누군가가 들어와서 말을 끌고 갔지만 그 개는 전혀 짖지 않았다. 분명히 방문자는 그 개가 잘 알고 있는 사람이었을 것이다."

6. 다음은 논증형식의 글이다. 두 개의 전제와 결론을 찾아보시오.

"인간의 경제적 행동에서 손실 프레임은 항상 이득 프레임보다 강하게 작동한다. 요즘 주식시장에 불이 붙었다. 장작은 이미 젖어 있고 더 큰 비구름은 코앞인데도 정부 돈을 풀어 만든 '유동성 착각'이라는 위험 경고도 들은 체만 체다. 고환율로 얻은 수출의 상대적 약진마저 착시를 부추긴다. 펀드로 많은 손실을 봤던 개인들이 펀드를 깨고

빚까지 내 온 몸을 던지고 있다. 그 '슬픈 올인'의 결과가 걱정스럽다."

7. 다음 진술이 논증인지 논증이 아닌지를 판단하고, 논증이 아닌 경우 어떤 형식의 진술인지를 말하시오.

(1) 독서의 속도는 전적으로 독자에 따라 다르다. 어떤 독자는 필요에 따라 아주 천천히 읽기도 하고 아주 빨리 읽기도 한다. 만약 그가 내용을 잘 이해하지 못했다면 자신이 읽은 곳에서 멈추고 그 부분을 다시 읽을 수도 있고 그 내용을 곰곰이 생각해볼 수도 있다. 그런데 만약 그 내용이 친숙하거나 쉬운 것이라면 아주 빨리 읽을 수 있다.

(2) 탐험자의 우주비행선은 산소-고리가 증속 로켓 속에서는 부족하기 때문에 발사 이후 폭발한다.

(3) 화학요소 및 성분은 분자공식에 의해서 표현될 수 있다. 따라서 산소는 O_2에 의해, 나트륨은 NaCl에 의해 그리고 황산은 H_2SO_4에 의해 표현된다.

(4) 국제 인간게놈 연구 컨소시엄의 미국 등 6개국 합동연구팀과 유전공학회사 제노믹스는 워싱턴, 런던, 파리 서울 등에서 공동기자 회견을 갖고 인간게놈지도의 완성을 공식 발표했다. 이번 발표로 유전자 치료법 등 의학발전은 물론 관련 산업 발전의 전기가 마련된 것으로 평가 받고 있다.

8. 다음 논증이 귀납논증인지 연역논증인지를 말하시오.

(1) 지금까지의 모든 한국 대통령들은 남성이었다.
그러므로 다음의 한국 대통령은 남성일 것이다.

(2) 소크라테스는 대머리이다. 소크라테스는 붕어빵을 좋아한다.
그러므로 대머리인 소크라테스는 붕어빵을 좋아한다.

(3) 할머니가 신경통이 심해질 때마다 비가 왔다. 할머니가 신경통이 심하다.
그러므로 곧 비가 올 것이다.

(4) 모든 사람은 흙으로 돌아간다. 아담은 사람이다.
그러므로 아담은 흙으로 돌아간다.

(5) 구매자가 사과 두 개와 오렌지 세 개를 종이 가방에 넣으면 그 가방에는 다섯개의 과일이 있다.

(6) 20년 전부터 매년 겨울 평균 기온이 상승하는 추세를 보이고 있다. 아마 계속습 문제7이런 식으로 간다면 내년 겨울도 평년 기온보다 높을 것이다.

(7) 이 낯선 사업가가 담보로 내놓은 금덩어리는 족히 몇 천만 원의 값어치가 있다. 금덩어리를 담보로 잡으면 이 사업가에게 일천만 원을 꾸어 주어도 좋다.

9. 다음은 타당하지 못한 글이다. 빈 칸에 들어갈 말을 채우시오.

모든 논리학자는 사람이다. (참)
배우 전지현은 □□이다. (참)
그러므로 전지현은 논리학자이다. (거짓)

10. 다음 글에 대해 올바르게 설명한 것을 보기에서 고르시오.

모든 정치인은 여성이다.
빌 게이츠는 정치인이다.
그러므로 빌 게이츠는 여성이다.

보기

(ㄱ) 강한 귀납적 논증　(ㄴ) 약한 귀납적 논증　(ㄷ) 바른 연역논증
(ㄹ) 바르지 않은 연역논증　(ㅁ) 타당하지 않은 논증

11. 다음 글에 대해 올바르게 평가한 것을 고르시오.

"과거의 용화는 정직했으나 지금은 정직하지 않다."

보기

(ㄱ) 동일률 위반　(ㄴ) 무모순율 위반　(ㄷ) 배중률 위반
(ㄹ) 충족이유율 위반　(ㅁ) 위반한 규칙이 없다

12. 다음 예는 논리학의 기본법칙 가운데 어떤 법칙을 위반한 것인지 보기에서 고르시오.

보기

(ㄱ) 동일률　(ㄴ) 무모순율
(ㄷ) 배중률　(ㄹ) 충족이유율

(1) 모든 것을 녹여버리는 액체를 발명한 한 과학자는 점점 녹아 없어지는 쇠 덩어리를

바라보면서 자신만만하게 성공을 소리쳤다. 몇 분 전에 그는 그가 발명한 액체, 곧 모든 것을 순식간에 녹여버릴 수 있는 액체 중에서 몇 방울을 그 쇠 덩어리에 떨어뜨렸다.

(2) 옛날 어떤 마을에 마흔이 넘은 고약한 사람이 살고 있었다. 시집오려는 여자가 없어 홀로 노총각으로 지냈다. 곱건 밉건 간에 시집오려는 여자만 있으면 결혼하려고 노력했지만 누구 하나 나서는 사람이 없었다. 이 노총각을 골려 주려고한 젊은 청년이 그에게 가서 물었다. "여자의 말을 들어야 합니까? 아니면 듣지 말아야 합니까?" 노총각은 "여자란 원래 사람 축에 못 드는 존재지. 여자의 말은 절대 들을 바가 못 되네!"라고 평소 생각을 말했다. 그러자 젊은 청년이 "알았어요, 앞마을의 과부가 당신에게 청혼부탁을 해 와서…" 노총각은 맨발로 달려가 "그런데 때로는 여자의 말도 들어야 하지."라고 말했다.

(3) 옛날 구두쇠 양반이 살았다. 목수에게 나막신 한 켤레를 만들어 주면 값은 후히 주겠노라고 했다. 목수는 고운 참나무를 골라 나막신을 곱게 만들고 동백기름을 윤을 내서 갖다 주었다. 양반은 "예로부터 나무그릇값은 물건 크기만큼 주는 법이지" 하며 신에 좁쌀을 담아 주었다. 괘씸한 생각이 들었지만 하는 수 없이 돌아왔다. 며칠 후 양반은 소구유를 가능한 크게 만들어 달라고 주문했고 목수는 두 아름 굵기에 길이가 삼십 자나 되는 나무를 베어다가 만들어 주었다.
목수는 그 값으로 전과 같이 소구유에 좁쌀을 가득 담아 달라고 말하자 양반은 "흔한 나무로 대강 만든 구유가 어찌 그렇게 비싸단 말이냐?"라며 호통을 쳤다.
그러자 목수는 "예로부터 나무 그릇값은 물건 크기만큼 주는 것이라고 말씀하시지 않았습니까?"라고 말했다.

(4) 옛날에 임금의 신하 중에 간신과 현자가 있었다. 현자를 눈에 가시처럼 미워하던 간신은 현자가 임금을 해치려 한다고 거짓으로 일러 바쳤다. 임금은 현자를 처단할 방법을 강구하라고 명령을 내렸다. 간신은 "주머니에 생자와 사자가 적힌 쪽지를 넣었다고 하고 뽑은 결과에 따르겠다고 말하는 겁니다. 실제로는 두 쪽지 모두 사자를 넣는 겁니다. 그러면 어떤 것을 뽑아도 그를 죽일 수 있지요." 간신의 계략을 알아차린 현자는 뜬 눈으로 밤을 새우며 살 방법을 모색했다. 다음날 임금은 "나를 해할 역모를 꾸미고 있다는 얘기를 들었다. 주머니 속에 있는 생자와 사자 가운데 제비를 뽑아서 뽑은 결과대로 너를 처벌하겠다."라고 말하자 현자는 한 개의 쪽지를 뽑아서 펴보지도 않고 곧바로 입에 넣어 삼켜버렸다. 그리고는 "주머니 속에 남은 쪽지를 뽑아 보시면 소인이 삼킨 것이 생자인지 사자인지 알 수 있을 겁니다."라고 말하였다.

(5) 사자 왕은 곰과 원숭이, 토끼를 시종으로 거느리고 있었다. 곰은 미련하고 원숭이는 너무 꾀가 많고 토끼는 눈치만 살살 보면서 일하기를 싫어했다. 왕은 타당한 이유를 만들어 모두 잡아먹으려고 한다. "내가 너희의 충성심을 시험해보겠다. 내 물음에 이실직고하여라." 그러고는 커다란 입을 짝 벌리고 "내 입에서 무슨 냄새가 나느냐?"고 물었다. 곰은 고약한 비린내가 난다고 말하자 왕의 체면을 구겼다고 잡아먹었다. 원숭이는 "입속에서 꽃향기가 납니다."라고 말하자 왕을 속이는 교활한 놈이라고 먹어 버렸다. 마지막 토끼는 머리를 조아리며 조그만 소리로 요새 신종 인플루엔자에 걸려 냄새를 전혀 맡을 수 없습니다. 며칠 후 병이 좀 호전되면 다시 와서 입속의 냄새를 맡겠습니다."라고 말했다. 왕은 기가 막혀 하며 토끼의 요구를 받아들였고 토끼는 그 길로 멀리 도망쳤다.

13. 정부의 《규제완화정책》에 대해 논증적 글쓰기의 원칙에 따라 당신의 주장과 대안들을 제시해보시오.

제8장

오류

8.1 오류

논리학에서 오류란 바르지 못한 논리적 과정 및 그 결과로 생긴 추리나 판단을 말한다. 그래서 오류가 좋은 논증을 방해하고 파괴하기까지 한다. 더글러스 월턴(Douglas Walton)은 "오류는 대화의 목표를 방해하거나 대화의 실현을 방해하기 위해 사용되는 논증으로써 심각하고 의도적인 복잡한 전략이다."라고 말했다. 즉 오류는 단순한 규칙위반의 차원을 뛰어넘는 전략적 차원이다.

오류를 크게 형식적 오류와 비형식적 오류로 구분할 수 있다. 형식적 오류는 연역적 규칙을 어길 때 나타나는 것이다. 형식적 오류는 논증의 형식이나 구조의 규칙을 위반하기 때문에 이를 자세히 검토하면 오류에 빠지지 않게 될 것이다. 형식적 오류에는 '타당한 논증 형식'의 오류와 '부당한 논증 형식'의 오류가 있다.

1) 형식적 오류

① 타당한 논증 형식의 오류
- 선결문제 요구의 오류
- 비정합성의 오류

② 부당한 논증 형식의 오류
- 전건 부정의 오류
- 후건 긍정의 오류
- 삼단논법의 오류

한편 비형식적 오류는 형식이나 구조의 문제가 아닌 내용자체에 오류가 원인인 경우이다. 비형식적 오류에는 언어적 오류와 논거부재의 오류, 논거부적의 오류, 논거부실의 오류로 나누어진다. 언어적 오류는 언어의 애매성이나 모호성에서 발생하는 것이고, 논거부재의 오류는 겉보기에는 논거가 있는 것처럼 보이지만 사실은 논거가 없는 오류이며, 논거부적의 오류는 논거는 있으나 주장을 뒷받침하기에 적합하지 못한 오류를 말한다. 마지막으로 논거부실의 오류는 논거가 주장을 뒷받침하지만 논거로써 충분하지 못한 오류를 말한다.

2) 비형식적 오류

① 언어적 오류
- 애매어의 오류

- 은밀한 재정의의 오류
- 애매문의 오류
- 범주의 오류
- 강조의 오류

② 논거부재의 오류
- 공포에 호소하는 오류/힘에 호소하는 오류
- 증오에 호소하는 오류
- 쾌락에 호소하는 오류/낭만에 호소하는 오류
- 아첨에 호소하는 오류
- 복합질문의 오류
- 우물에 독 뿌리기 오류/원천봉쇄의 오류/-흑백사고의 오류

③ 논거부적의 오류
- 정황에 호소하는 오류
- 피장파장의 오류
- 동정에 호소하는 오류/감정에 호소하는 오류
- 사적관계에 호소하는 오류
- 부당권위에 호소하는 오류
- 허수아비 공격의 오류/인신공격의 오류
- 대중에 호소하는 오류
- 무지에 호소하는 오류

④ 논거부실의 오류
- 성급한 일반화의 오류
- 잘못된 유비추리의 오류
- 거짓원인의 오류/원인혼동의 오류
- 도박사의 오류
- 우연의 오류
- 원칙혼동의 오류
- 의도확대의 오류
- 발생학적 오류
- 합성의 오류
- 분해의 오류

- 거짓 딜레마의 오류
- 수레를 말 앞에 놓는 오류/가정망각의 오류
- 논점일탈의 오류

8.2 형식적 오류

연역적 논증이란 전제가 참이라고 가정할 때 결론이 반드시 참이 되도록 이끄는 방식이다. 이 연역적 논증은 주어진 사실을 바탕으로 가능하며 타당한 상황을 이끌어낸다.

이때 주어진 논증을 구성하는 문장의 내용이나 의미는 중요하지 않고 문장의 형식에 절대적으로 의존한다. 이런 형식 논리의 대표적인 예가 삼단논법이다. 다음 장에서 삼단논법에 대해 자세히 공부하겠지만 간단히 삼단논법에 대해 소개하겠다. 삼단논법은 두 개의 전제와 한 개의 결론으로 이루어진 연역논증의 형식을 갖는다. 그러나 삼단논법을 사용하는 많은 사람들은 삼단논법의 규칙을 잘못 이해하여 공통적인 오류를 범하곤 한다. 공통적인 오류가 존재한다는 것은 인간 사고의 체계적인 구조의 문제가 있음을 보여준다.

다음의 예들에서 어떤 논증이 형식적으로 타당하지 않는지 살펴보겠다.

(ㄱ) 고통은 우리를 성숙하게 만든다.
우리를 성숙하게 만드는 것은 바람직하다.
그러므로 고통은 바람직하다.

(ㄴ) 모든 어류는 물에서 산다.
모든 고래들도 물에서 산다.
그러므로 모든 고래는 어류에 속한다.

첫째, 논증은 형식적으로 타당한 논증이다. 두 개의 전제로부터 자연스럽게 결론이 도출된다. 내용면에서 약간 이상할지라도 형식적으로는 올바른 논증이다.

둘째, 논증은 타당한 논증이 아니다. 그 이유는 물에 산다는 공통적 특성이 어류만의 유일한 특성이 아니기 때문이다.

1) 타당한 논증 형식의 오류

(1) 선결문제 요구의 오류

선 과제를 해결하지 않고 비슷한 말로 되풀이해서 주장하는 오류이며 '순환 논리의 오류'라고도 말한다. 즉 "A는 B이다. 왜냐하면 B는 A이기 때문이다."라는 형식을 가진다.

다음의 예들은 선결문제 요구의 오류를 범한 경우이다.

"그는 정직하다.
왜냐하면 그는 사람을 속이지 않기 때문이다."

"논리학자가 가장 지성적인 사람이다.
왜냐하면 가장 지성적인 사람만이 논리적인 문제를 해결할 수 있기 때문이다."

(2) 비정합성의 오류

정합성이란 어떤 판단이나 계산이 약속된 체계 안에서 성립되어야 한다는 규칙이 다. 예를 들어, 우리 일상에서의 셈은 십진법이라는 가정 아래에서 특별한 언급 없이 사용되고 있다. 그러나 컴퓨터 내에서는 십진법이 아닌 이진법으로 셈이 되므로 셈이 어떤 체계 안에서 적용되느냐에 따라 다르게 적용됨을 알아야 한다.

2) 부당한 논증 형식의 오류

(1) 전건 부정의 오류

가언삼단논법(또는 조건적 삼단논법)에서 주로 나타나는 오류이다. 가언삼단논법이란 전제에 적어도 하나의 조건명제 "만일 ~이면, ~이다."가 포함된 삼단논법이다. 조건명제 "만일 해가 뜨면, 실내는 밝아진다."에서 앞의 '만일 해가 뜨면'은 전건이고, 뒤의 "실내는 밝아진다."는 후건이라고 말한다. 다음은 올바른 삼단논법의 형식을 가진 논증의 예이다.

"만일 해가 뜨면, 실내는 밝아진다.
해가 떴다.
그러므로 실내는 밝아졌다."

그러나

"만일 해가 뜨면, 실내는 밝아진다.
해가 뜨지 않았다.
그러므로 실내는 밝아지지 않았다."

라고 전건을 부정하면 《전건 부정의 오류》에 빠지게 된다. 왜냐하면 해가 뜨지 않아도 전기불이나 조명등과 같은 과학적인 방법으로 실내가 밝아질 수 있기 때문이다.

(2) 후건 긍정의 오류

조건명제에서 후건을 긍정했을 때 발생하는 오류를 말한다.
위의 올바른 논증의 예에서 후건을 긍정해보자.

"만일 해가 뜨면, 실내는 밝아진다.
실내가 밝아졌다.
그러므로 해가 떴다."

라고 한다면 《후건 긍정의 오류》에 빠지게 된다. 실내가 밝아졌어도 해는 뜨지 않을 수도 있기 때문이다. 그런데 후건을 부정한 경우, 즉

"만일 해가 뜨면, 실내는 밝아진다.
실내가 밝아지지 않았다.
그러므로 해가 뜨지 않았다."

라는 논증은 올바른 논증이며 《후건 부정식》이라고 말한다. 《후건 긍정 오류》의 또 다른 예를 들어보겠다.

"만일 어떤 것이 귀신이라면, 그것은 어두운 데 있다.
너는 어두운 데 있다. 그러므로 너는 귀신이다."

(3) 삼단논법의 오류

삼단논법의 오류는 다음 제9장 6절에서 자세히 다루기로 하겠다.

8.3 비형식적 오류

1) 언어적 오류

(1) 애매어의 오류

《애매어의 오류》는 낱말의 뜻이 명확하지 않은 애매한 낱말을 사용하여 상대방을 혼란에 빠지게 하려고 의도적으로 사용할 때 발생하는 오류이다. 다음의 예를 보자.

> "모든 죄인은 감옥에 가야 한다.
> 그런데 인간은 모두 죄인이다.
> 따라서 인간은 모두 감옥에 가야 한다."

> "나는 당신의 배를 탔다.
> 만일 내가 당신의 배를 탔으면 당신은 내 아내이다.
> 그러므로 당신은 내 아내이다."

화자는 『배』라는 낱말이 사람의 신체부위인 『배』와 교통수단인 『배』라는 두 가지 의미로 사용된다는 것을 이용하여 여자 사공을 놀리고 있다. 그러자 여자 사공도 다음과 같이 멋지게 응수한다.

> "당신은 내 배속에서 나왔다.
> 만일 당신이 내 배에서 나왔다면,
> 당신은 내 아들이다.
> 그러므로 당신은 내 아들이다."

(2) 은밀한 재정의의 오류

《은밀한 재정의의 오류》는 자기가 편리한 대로 자기 기준에 맞게 재 정의하여 자신의 주장을 관철시키려는 의도로 사용된다. 말은 사회적으로 약속된 것인데 자기 마음대로 변경하여 사용한다면 문제가 발생한다. 다음의 예를 보자.

> "미친 사람은 정신병원에 수용되어야 해!
> 요즘 세상에 뇌물 주는 것을 물리치다니, 미치지 않고 그럴 수 있어?
> 그 친구 정신병원에 보내 버려야겠어."

"나는 얻은 것의 반을 신께 바쳐야 한다.
호두의 반쪽은 호두 껍데기이고, 복숭아의 반쪽은 씨이다.
그러므로 호두 껍데기와 복숭아씨를 신께 바친다."

"오른손잡이의 유전자는 우성이고, 왼손잡의 유전자는 열성이다. 그런데 열성 유전자는 열등하다고 한다. 그러므로 왼손잡이 유전자를 가진 사람은 열등한 존재이다."

(3) 애매문의 오류

《애매문의 오류》는 문장의 구조적 결함 때문에 두 가지 이상의 의미로 해석될 수 있는데 자신의 필요에 따라 의도하는 방향과는 다르게 받아들이므로 발생하는 오류이다. 다음의 예를 보자.

"그녀는 유언장에 자신의 다이아몬드 반지와 애완견을 딸과 아들에게 물려준다고 썼다.
그러므로 다이아몬드는 딸이 갖고 애완견은 아들이 상속 받아야 한다."

"그는 너의 숭배자라고 하는데 너를 숭배하는 자가 있다는 것은 놀라운 일이다.
그는 어제 자장면을 먹은 후 아이스크림까지 먹었다."

(4) 범주착오의 오류

《범주착오의 오류》는 같은 범주에 속하지 않는 낱말을 혼동하여 같은 범주에 속하는 것으로 사용할 때 발생하는 오류이다. 어떤 범주에 속해 있는 형식이나 존재를 다른 범주에 속한 정의나 설명으로 바꿔서 사용할 때 발생한다. 다음의 예를 보자.

대학을 방문하여, 도서관, 강의실, 사무실, 운동장을 두루 돌아본 다음에 묻는다.

"그런데 대학은 어디 있지요?"

"만일 새로운 옷이라 할 경우, 옷은 때(시)가 아니니 무엇을 말하여 새롭다고 하는가?"

즉 새로운 옷이라 할 때 이 '새로운'이란 개념은 『시간』 개념이고 『옷』이란 개념은 시간 개념에 해당되지 않는다. 그러므로 새로운 옷의 개념은 범주착오를 일으킨다는 것이다.

"(비트겐슈타인) 신의 존재를 증명하려는 어떠한 시도도 헛소리이다.
왜냐하면 그것은 전혀 증명의 문제가 아니며 믿음의 문제이기 때문이다."

창조론과 진화론의 논쟁은 결국 범주의 혼동에 따른 것으로 논쟁 자체가 문제가 된다는 것이다.

즉 신의 존재에 대한 창조론적 접근은 믿음에 관한 것이며, 진화론적 접근은 증명에 관한 것이다.

(5) 강조의 오류

문장의 어느 한 부분을 부당하게 강조하면 다른 의미를 가지게 된다. 이와 같이 《강조의 오류》는 강조하는 낱말에 따라 전혀 다른 해석이 발된다는 오류이다. 주장의 전체 내용을 고려하지 않으면 오해가 일어날 수 있을 때 그 일부만을 떼어내어 인용하는 경우 이러한 오류를 범하게 된다. 다음의 예를 보자.

> "우리는 친구들에 대해 험담을 해서는 안 된다.
> 그래? 그럼 선생님에 대한 험담은 괜찮겠네?"
>
> 동네 어른 : "애야, 무심코 던진 돌에 개구리가 맞아 죽는다."
> 아이 : "그럼 돌 말고 유리구슬은 괜찮지요?"

2) 논거부재의 오류

(1) 공포에 호소하는 오류/힘에 호소하는 오류

타당한 추론이나 증거를 제시하기 보다는 힘이나 권력 등으로 논증의 결론을 받아들이게 하는 오류이다. 만일 결론을 받아들이지 않는다면 불이익이 돌아가리라는 점을 암시적으로 밝히기도 한다. 다음의 예를 보자.

> "우리의 요구를 받아들이지 않으면, 엄청난 사태가 벌어질 것입니다.
> 그리고 그 사태에 대한 책임은 모두 당신들에게 있습니다."
>
> "너는 저런 천한 애들과 놀면 안 된다. 나중에 어머니가 알면, 혼나게 된다."
>
> "너 이번 시험에서 100점 못 맞으면 친구들과 놀지 못할 줄 알아!"

(2) 증오에 호소하는 오류

인내심과 관용을 가지고 대화를 지속해야 하는데 그렇게 하면 자신에게 불리하게 되는 것이 두려워 증오나 분노를 내어 대화를 끊어버릴 때 사용하는 오류이다. 다음의 예를 보자.

> "(야당 대표) 기득권 내려놓기의 상징이었던 기초공천 폐지 공약은 어떻게 되었습니까? 왜 대선 공약폐지를 여당의 원내대표께서 대신 사과하시는지요? 충정이십니까? 월권이십니까? (여당

대표) 너나 잘해!"

(3) 쾌락에 호소하는 오류/낭만에 호소하는 오류

논거는 제시하지 않고 쾌락이나 유머를 사용하여 자신의 주장을 받아들이게 하는 오류이다. 《쾌락에 호소하는 오류》는 논점을 흐트러뜨린다. 다음의 예를 보자.

> "이 스포츠카를 가지고 있으면 젊은 여성들과 데이트하기가 누워서 떡먹기입니다.
> 젊은 여성이라면 모두들 이 차를 타보고 싶어 하기 때문입니다.
> 한 대 구입하셔서 젊은 한때를 즐기시지요."

고어는 도울 후보의 소득세 15% 감세 정책이 미국 경제를 회생 불능 상태로 만들어 버릴 것이라고 비난했다. 도울은 감세 정책이 직업 창출효과를 가져올 것이라고 설명했다. 그리고는 고어를 향해 이렇게 말했다.

> "그는 이것을 낙숫물 정도의 효과라 하겠지만 나는 나이아가라 폭포라고 부르겠다."

고어 후보가 다음과 같이 되받아쳤다.

> "공화당의 정책은 미국 경제를 물통에 담아 나이아가라 폭포 위로 던져 버린다는 게 문제다!"

공화당의 정책을 대기업에 대한 특혜로 빗댄 날카로운 역습이었다. 청중들은 폭소를 터뜨렸고 도울의 얼굴이 빨갛게 달아올랐다.

(4) 아첨에 호소하는 오류

논거가 주장에 부적당하지만 아첨으로 상대방의 판단을 흐리게 하여 자신의 주장을 얻어내는 오류이다. 사람들은 아첨이나 칭찬을 받게 되면 귀가 얇아져서 상대방의 주장을 쉽게 받아들이게 된다. 다음의 예를 보자.

> "각하께서는 인격과 덕망과 학식 면에서 출중하실 뿐만 아니라
> 그 동안 지휘관으로서 쌓은 경륜은 어느 누구도 따를 수 없습니다.
> 각하야말로 하늘이 내리신 지도자입니다. 각하께서 나서지 않으면 누가 나서겠습니까?"

(5) 복합질문의 오류

《복합질문의 오류》는 두 개의 질문을 의도적으로 하나로 결합하여 질문함으로써 상대방을 난처하게 만드는 오류이다. 다음의 예를 보자.

"당신, 아직도 도박 하냐?"

"너, 그 노인의 돈을 뺐고 때렸지?
아니에요, 돈 안 뺐었어요."

소를 팔아서 먹고 사는 노인이 어느 날 소 다섯 마리를 도둑맞았다. 경찰 서장에게 잃어버린 소를 찾아달라고 탄원하였다. 서장은 마을 주민들을 모두 모이게 하고는 호통을 쳤다.

"왜 모두 모이지 않는 거지?"

사람들은 어리둥절했다. 한 사람도 빠짐없이 마을 주민들이 모였기 때문이다. 그때 한 사람이 나서면서 말했다.

"서장님! 모두 다 모였습니다."

그러나 서장은 더욱 큰 소리로 외쳤다.

"그게 무슨 소리냐! 소 도둑질한 놈부터 안 나왔지 않느냐?"

서장의 큰 고함소리에 얼마나 놀랬던지 한 놈이 벌벌 떨면서 사람들 틈에서 기어 나오며

"아, 아닙니다. 전 진작부터 나와 있었습니다."

라고 말했다.

(6) 우물에 독 뿌리기/원천봉쇄의 오류/흑백사고의 오류

《우물에 독 뿌리기》는 자기 자신의 주장에 대한 반론의 가능성을 원천적으로 봉쇄하는 오류이다. 즉 두 개 이상의 입장이 엄연히 존재하는데도, 오직 이것 아니면 저것이라는 선택만 있으며 그 중간은 없다고 생각하는 오류이다. 고정된 시각이나 자기중심적인 시각으로 생각할 때 범하기

쉽다. 다음의 예를 보자.

"만약 누군가가 한반도 전시작전 통제권이 한국으로 환수되어야 한다고 주장한다면, 그는 종북세력임에 틀림없다."

"내가 인간은 타락하였다라고 말할 때 동의하지 않는 자들은 자신들이 이미 타락하였다는 것을 증명하고 있는 것이다."

"아, 잠깐. 당신이 무슨 말을 할지 알 것 같아요. 그래요. 난 산만해요. 하지만 난 집중해서 머리를 쓰면 금세 두통과 피로에 시달린다는 걸 당신도 알죠? 그러니, 산만해서 내가 싫다는 말은 말아주세요."

3) 논거부적의 오류

(1) 정황에 호소하는 오류

정당한 근거 없이 직업, 직책, 직위, 처지, 과거의 행적 등 어떤 사람이 처한 정황을 트집 잡아 그 사람이 하는 주장을 비판하는 오류이다. 다음의 예를 보자.

"정부 정책에 대한 김 의원의 비판을 들어볼 필요가 없다. 그는 야당 의원 아닌가?"

"그 시의원이 신호등을 많이 만들어야 교통안전에 도움이 된다고 주장하고 있는데 혹시 그 시의원이 교통신호기를 판매하는 사업을 하고 있는 것이 아닙니까?"

(2) 피장파장의 오류

자신의 주장이나 행동에 잘못이 있기는 하지만 다른 사람도 같은 잘못을 저지르고 있기 때문에 괜찮다고 주장하는 오류이다. 다음의 예를 보자.

아빠 : "아들아! 이 아빠는 학창시절 때에 철이 없어서 놀았지만 너는 그러면 안 되지?"
아들 : "아빠도 학생 때 놀았으면서 왜 나보고 놀지 말라고 하세요?"

선생님 : "애들아, 선생님 화장실을 사용해서는 안 된다. 선생님 화장실은 학생출입금지 구역이란다."
학생 : "선생님들도 학생 화장실을 자주 이용하시면서 그런 말씀을 하세요?"

(3) 동정에 호소하는 오류/감정에 호소하는 오류

결론의 근거로 타당한 추론이나 증거를 제시하기보다는 동정심이나 연민을 근거로 결론을 받아들이게 하는 오류이다. 다음의 예를 보자.

> "제가 비록 남의 물건을 도둑질하는 잘못을 범하기는 하였지만 여러분들도 며칠을 굶어보십시오. 이웃의 담을 기웃거리지 않을 자신이 있습니까? 제겐 처자식이 있는데 저만 의지하고 있답니다. 여러분들도 저의 입장에서 잠시 생각해주시면 저의 행동을 이해해주실 것입니다."

> "선생님, 제가 잘못했습니다. 그러나 분명히 친구를 위해서 한 행동입니다. 저야 부모님께서 다 계시니 공부를 못해도 살아갈 수 있지만 제 친구는 너무나 어렵게 공부하기 때문에 반드시 좋은 성적을 내야만 한다고 생각했습니다."

(4) 사적관계에 호소하는 오류

상대방의 주장이 논리적으로 타당하지 않지만 혈연, 학연, 지연, 같은 종교 등과 같은 사적인 관계로 인하여 상대방의 주장을 받아들일 때 발생하는 오류이다. 다음의 예를 보자.

> "내 고향 후배인데 이번에 자네가 다니는 회사에 입사원서를 냈네.
> 좋은 게 좋은 거라고 어떻게 잘 좀 봐주게."

우리 속담에도 《사적관계에 호소하는 오류》의 예들이 있다.

> "피는 물보다 진하다."

> "팔은 안으로 굽는다."

(5) 부당 권위에 호소하는 오류

논지와 직접적인 관련이 없는 전문가의 견해를 근거로 제시하면서 자신의 주장을 관철시키려는 오류이다. 논증이 그 전문가의 영역을 벗어난 경우 전문가의 지식은 부당권위이다. 다음의 예를 보자.

> "프톨레마이오스의 이론을 따라야 할지 아니면 코페르니쿠스의 이론을 따라야 할지에 대하여 사람들은 확신을 가지지 못한다. 두 이론이 다 같이 관찰되는 현상에 맞아떨어지기 때문이다. 그러나 코페르니쿠스가 의존한 원리들은 어리석은 주장들을 많이 포함하고 있다. 왜냐하면 철학자들에 의하면, 지구와 같은 단순한 대상은 단일한 운동만을 할 수 있기 때문이다. 따라서 코페

르니쿠스의 지동설보다 프톨레마이오스의 천동설을 받아들여야 한다고 생각한다."

"해바라기가 해를 따라 돈다는 것은 잘못된 상식이다. 해바라기는 단지 양지바른 곳에서 잘 자라는 식물이다. 한 TV토론회에서 한 유명한 조류학자가 그렇게 말했다.

수많은 학자 그리고 스님들은 아인슈타인의 아래 말을 인용한다.

"미래의 종교는 자연 세계와 영적인 세계를 똑같이 존중해야 한다. 그것이 진정한 통합이기 때문이다. 나는 불교야말로 내 생각과 일치한다고 생각한다. 만약 어떤 종교가 현대의 과학적 요구에 부응할 수 있는지를 내게 묻는다면, 나는 불교라고 말할 것이다."

(6) 허수아비 공격의 오류/인신공격의 오류

상대방의 논증을 반박하기 쉬운 허수아비와 같은 다른 논증으로 조작하고 바꿔 이 논증이 원래 논증인양 속여 공격하는 오류이다. 주장하지도 않은 것을 마치 주장한 것처럼 한다면 허수아비를 만드는 것과 같다. 그래서 상대방이 하지도 않은 주장을 교묘하게 한 것처럼 만들고 공격하는 것을 《허수아비 공격의 오류》라고 말한다. 다음의 예를 보자.

"인터넷 게임에는 무기를 이용해 상대편을 해치고 죽이는 장면이 너무 많아 우리 청소년들이 생명을 소홀히 여기게 합니다. 또한 인터넷 게임에 사용하는 무기와 같은 아이템 거래는 아직 어린 나이에 잘못된 경제관념이 자리 잡게 합니다. 그래서 청소년들에게 많은 문제를 일으키는 인터넷 게임을 근절시켜야 합니다."

"다윈의 진화론에 의하면, 인간은 원숭이와 같은 동물로부터 자연적 선택의 원리에 의해 진화하였다고 한다. 그러나 그러한 진화가 사실이라는 것을 말해 줄 수 있는 원숭이와 인간의 중간쯤 되는 동물이 발견된 적이 없으며, 자연적 선택이 무엇인가에 대한 적절하고 일관성 있는 설명이 제공된 바도 없다."

"사회 정의를 이루어야 한다고 부르짖는 그의 말을 묵살하십시오.
그는 마르크스주의에 미친 사람입니다."

"정신분열증 환자가 아니라면 그런 말을 하지는 못할 것이다."

"(도시개발 찬성자) 우리는 이도시를 거대한 관광도시로 만들어야 지역 경제를 살릴 수 있습니다. (반대자) 당신은 이 도시에 돈 많은 사람들이 드나드는 골프장을 만들어 생태계를 파괴하자는 말입니까?"

(7) 대중에 호소하는 오류

어떤 주장에 대한 타당한 이유를 제시하는 대신, 대중의 편견, 감정, 군중심리, 열광에 호소하여 그 주장의 정당성을 옹호하거나, 많은 사람들이 그 주장을 받아들인다는 이유로 그 주장의 정당성을 옹호할 경우 《대중에 호소하는 오류》이다. 주로 정치인들이 흔히 범하는 오류이다. 다음의 예를 보자.

> "여론조사 결과 전 국민의 70%가 의약분업에 찬성한다고 한다.
> 그러므로 의약분업은 시행되어야 한다."
>
> "대부분의 사람들은 내세가 없다고 생각한다. 그러므로 천국과 지옥은 없다."
>
> "손님, 이 물건이 요즘 유행하는 트렌드예요.
> 요즘 이 물건을 가지고 있지 않는 사람이 없습니다."

(8) 무지에 호소하는 오류

《무지에 호소하는 오류》는 어떤 주장이 참이라는 증거가 없다는 이유로 그것을 거짓이라고 주장하거나 반대로 어떤 주장이 거짓이라는 증거가 없다는 이유로 그것을 참이라고 주장하는 오류이다. 다음의 예를 보자.

> "경찬은 민경을 장례식장에서 보지 못했다.
> 그러므로 경찬은 민경이가 장례식장에 오지 않았다고 생각했다."
>
> "술이 간암을 유발시킨다는 사실을 증명할 수 없다.
> 그러므로 술이 간암을 유발시킨다고 말할 수 없다."
>
> "외계인은 존재한다. 왜냐하면 외계인이 존재하지 않는다는 증거가 없기 때문이다."
>
> "외계인은 존재하지 않는다. 왜냐하면 외계인이 존재한다는 증거가 없기 때문이다."

4) 논거부실의 오류

(1) 성급한 일반화의 오류

전체 중 몇 개의 우연한 사실로부터 전체가 그럴 것이라고 단정하여 일반화시킬 때 발생하는 오류이다. "하나를 보면 열을 안다."는 식의 판단은 《성급한 일반화의 오류》를 범하는 것이다. 다음의 예를 보자.

"마르쿠스 아우렐리우스 황제는 《명상록》이라는 책을 써서
아들이 훌륭한 황제가 되도록 교육했다. 아들은 폭군으로 살다가 살해되었다.
그러므로 교육으로 사람을 훌륭하게 키우려는 방법은 아무 효과가 없다."

"새정치민주연합 출신 전직 대통령들은 북한에 대해 우호적인 햇볕정책으로 남북관계가 경직되지 않았다. 그러므로 새정치민주연합에서 대통령이 나오게 되면 북한과 좋은 관계를 가지게 될 것이다."

"새누리당 출신 대통령들은 북한에 대해 대립각을 세워 남북관계가 경직되게 했다.
그러므로 새누리당에서 대통령이 나오게 되면 북한과 좋은 관계를 가질 수 없을 것이다."

(2) 잘못된 유비추리의 오류

적절하지 않은 비유나 관련성이 적은 비유는 오히려 정확한 이해를 방해한다. 《잘못된 유비추리의 오류》는 전자가 후자의 몇 가지 측면에서 유사하다는 이유만으로 후자가 가진 다른 면을 필연적으로 전자도 가져야 한다고 잘못 추론하는 오류이다. 다음의 예를 보자.

"시계가 빨리 간다고 좋은 시계인 것은 아니다.
마찬가지로 남보다 부지런히, 한발 앞서 가는 것은 바람직하지 못하다."

(3) 거짓원인의 오류/원인혼동의 오류

"까마귀 날자 배 떨어진다."라는 말처럼 까마귀가 나는 것과 배가 떨어지는 것 사이에는 아무런 연관성이 없는데도 마치 까마귀 나는 것이 배를 떨어뜨리게 한 원인이라고 판단하는 오류이다. 즉 전자가 후자의 원인이 아닌데도 후자의 원인이라고 잘못 추론하는 오류이다. 다음의 예를 보자.

"검은 고양이가 내 앞을 가로질러 갔다.
그리고 5분 후에 나는 자동차 사고를 당했다.
따라서 내가 자동차 사고를 당한 것은 그 고양이 때문이다."

"운동선수들에겐 징크스가 있다. 어떤 선수는 목걸이를 해야 하고,
또 어떤 선수는 흰 양말을 신어야만 좋은 결과를 낸다고 생각한다."

(4) 도박사의 오류

《도박사의 오류》는 두 사건이 독립적으로 일어나는 것임에도 불구하고 현재 사건이 과거에 일어난 사건에 종속적이라는 판단에서 발생하는 오류이다. 다음의 예를 보자.

"주사위를 세 번 던지는 실험에서 모두 다 눈금 3이 나왔다.
그러므로 다음에도 눈금 3이 나올 것이다."

"주사위를 세 번 던지는 실험에서 모두 다 눈금 3이 나왔다.
그러므로 다음에는 눈금 3이 결코 나오지 않을 것이다."

주사위를 10번 던져서 모두 눈금 3이 나왔다고 하더라도 11번 째 주사위의 눈금이 3이 나올 확률은 단지 $\frac{1}{6}$일 뿐이다.

"폭격기에서 폭탄이 떨어지면 병사들은 그 자리에 생긴 구덩이 안으로 몸을 피했다. 왜냐하면 폭탄이 떨어지고 난 뒤에는 다시 그 자리에 폭탄이 투하될 확률이 작다고 생각해서이다."

(5) 우연의 오류

일반적인 법칙을 적용할 수 없는 특수하거나 우연한 예외의 경우에도 불구하고 일반적인 법칙을 적용하여 추론하여 발생하는 오류이다. 다음의 예를 보자.

"금융실명제는 모든 금융 거래를 실명으로 하고 비밀을 보장하는 제도이다. 전직 두 대통령이 비자금을 만들어 차명으로 은행에 예치해 두었다. 그러므로 전직 두 대통령의 비자금도 거래 비밀보장의 원칙에 따라 거래 비밀을 보장해 주어야 한다."

"거짓말은 죄이다. 의사는 환자를 안심시키려고 거짓말을 했다.
그럼에도 거짓말한 의사는 죄를 범한 것이다."

"정신이상자에 총기 살인미수범인 사람이 나에게 무기를 맡겼다. 그런데 나중에 맡긴 무기를 찾으러 왔을 때 보니 제 정신이 아니었다. 나는 그에게 무기를 돌려주어야 하는가? 아니면 돌려주지 말아야 하는가?"

"동물은 본능대로 산다. 사람은 동물이다.
그러므로 사람은 본능대로 졸리면 아무데서나 자도 상관없다."

(6) 원칙혼동의 오류

법치국가에서 국민이 법이나 규칙을 지키므로 사회 질서가 유지된다. 그러나 상황에 따라서는 법을 지키는 것보다 우선해야 하는 급한 일이 있을 수 있다. 만일 위급한 상황에서 법을 맹목적으로 지켜야 한다고 생각하는 사람들은 《원칙혼동의 오류》를 범하는 것이다. 다음의 예를 보자.

"산달이 얼마 남지 않은 아내가 잠자다가 갑자기 진통을 호소한다. 남편은 아내를 들쳐 업고 자동차로 병원을 향해 내달린다. 아내의 고통스런 비명소리가 점점 더 커져만 간다. 그런데 사거리에서 갑작스럽게 신호등이 빨간불로 바뀌었다. 주위에 지나가는 차들이 없었지만 남편은 신호위반이 얼마나 큰 범법이란 걸 알았기에 차를 급정거했다."

(7) 의도확대의 오류

《의도확대의 오류》는 화자나 필자의 의도를 과장 확대함으로써 고의적으로 왜곡시켜 자신에게 유리한 방향으로 이끄는 오류이다. 다시 말해서 의도하지 않은 결과를 처음부터 의도하고 있었다고 판단하는 데서 발생하는 오류이다. 다음의 예를 보자.

"아들아~ 너 그렇게 공부 안하면 어떡하니? 깡통 차려고 공부 안 하니?
그냥 공부가 안 되네요. 엄마~ 제가 깡통 차려고 공부 안 하겠어요?
이 녀석아, 깡통 차려고 마음을 먹지 않았다면 어떻게 공부를 그렇게 안 할 수 있겠니?
엄마, 그게 아니라니까요."

"어떤 할머니가 차들이 질주하는 고속도로로 뛰어들었다. 할머니의 행위는 마침 그곳을 지나가던 트럭 운전사와 그의 일가족이 사망하는 결과를 낳았다. 따라서 할머니는 도로교통법 위반으로 벌금을 물게 할 것이 아니라 살인죄에 처해져야 한다."

할머니의 행동은 일가족 사망 사건과 필연적인 관계가 있다. 할머니의 무분별한 행동이 없었다면 트럭 운전사와 그의 일가족이 사망하는 사건은 일어나지 않았을 것이다. 그러나 할머니는 그들을 죽게 하려는 의도가 전혀 없었다. 그런데 할머니가 그들을 죽게 할 의도가 있는 것처럼 확대해석한다면 《의도확대의 오류》를 범하는 것이다.

"얘야, 너 살찌려고 패스트푸드 음식만 먹니?
뚱뚱해지기 싫으면 앞으로 그런 음식을 먹지 마라!"

"사실 우리 한민족도 예수님의 후예입니다.
동학에서 얘기하는 저 하느님이 바로 주 예수 그리스도가 되시지요.
그러니까 우리는 하늘에 가장 가까이 닿은 민족이지요."

(8) 발생학적 오류

시간과 공간의 변화에 따라서 처음 발생한 것과는 전혀 다른 것으로 변했는데도 처음 만들어졌을 때의 성질만 갖고 있다고 주장하는 오류이다. 그 주장이 정당하지 아닌지를 밝히는 근거와 그 주장의 기원을 별개의 문제이다. 다음의 예를 보자.

"오늘날 종교란 일종의 주술에 지나지 않는다.
왜냐하면 원시 종교가 주술적 요소를 가지고 있기 때문이다."

"일본은 삼국시대에 한반도에 임나일본부를 두어 통치했다.
그러므로 일본의 조선 강점은 정당하다."

"만유인력의 법칙은 떨어지는 사과 때문에 발견하였다.
떨어지는 사과가 없었다면 만유인력의 법칙을 발견할 수 없었을 것이다."

(9) 합성의 오류

《합성의 오류》는 부분에서 참인 것이 전체에서도 참이라고 판단하는 오류이다. 즉 부분의 성질들을 다 모은다고 해서 전체의 성질이 되는 것이 아니라는 것이다. 다음의 예를 보자.

"유명 클럽 축구팀에서 포지션별로 뛰어난 축구 선수들을 모아 팀을 만들면,
그 팀은 세계 최강팀이 될 것이다."

"지환은 설탕 맛을 좋아한다. 지환은 곰탕을 잘 먹는다.
따라서 지환은 곰탕에 설탕을 넣어도 맛있게 잘 먹을 것이다."

(10) 분해의 오류

《분해의 오류》는 《합성의 오류》와 반대이다. 《분해의 오류》는 전체에 대해 참인 것을 그 구성요소에 대해서도 참이라고 판단하는 오류이다. 다음의 예를 보자.

"물은 불을 끈다. 물은 산소와 수소의 화학적 결합으로 이루어져 있다.
그러므로 산소와 수소로 불을 끌 수 있다."

"바닷물은 파랗다. 따라서 바닷물의 구성물질인 소금도 파랗다."

(11) 거짓 딜레마의 오류

딜레마의 뜻은 두 가지 상황 가운데 어떤 것을 선택해도 곤경에 빠지게 된다는 말이다. 문제를 해결할 대안이 있음에도 대안이 없는 딜레마처럼 꾸몄다면 《거짓 딜레마의 오류》를 범하는 것이다. 다음의 예를 보자.

"그가 보수주의자라면 이 법안에 동의하지 않을 것이다.
그가 자유주의자라면 이 법안을 수정하자고 할 것이다.
어떻든 이 법안이 원안대로 유지되기는 어려울 것이다."

"유신론자이면 교회에 다닐 것이고 무신론자이면 교회에 다니지 않을 것이다.
그는 유신론자이거나 무신론자이다.
그러므로 그는 교회에 다니거나 교회에 다니지 않을 것이다."

이 경우 다른 가능성, 예를 들면 절에 다닌다거나 무신론자이거나, 하는 경우가 있는데도 마치 두 가지 경우 이외에는 어떤 것도 없다는 식의 주장이므로 《거짓 딜레마의 오류》를 범한 것이다.

(12) 수레를 말 앞에 놓는 오류/가정망각의 오류

모든 일에는 먼저 해야 할 일이 있고 나중에 해야 할 일이 있듯이 일의 순서가 있는 것이다. 만일 수레를 말 앞에 놓고 앞으로 진행할 수 없다. 이와 같이 일의 순서가 뒤바뀌었을 때 발생하는 오류이다. 일상에서 많이 사용되는 오류이다. 다음의 예를 보자.

"문 닫고 들어와!"

"입 다물고 밥 먹어야지? 밥 먹을 땐 말하는 게 아니란다."

"컴퓨터는 인간의 활동을 크게 돕는다는 뜻에서 긍정적인 면이 있다. 그러나 이 점을 강조하면 할수록 인간의 존엄성이 훼손된다는 점을 간과해서는 안 된다. 컴퓨터가 인간의 정신 활동을 모델로 하여 만들어졌지만, 전자기적 물리 법칙에 따라 작동되는 기계에 불과하기 때문에, 컴퓨터의 능력이 증대될수록 인간의 정신도 한낱 기계에 불과하다는 사실이 더욱 부각되기 때문이다."

(13) 논점일탈의 오류

논점에서 벗어나 논의를 전개하거나 새로운 논점을 제기하여 엉뚱한 결론을 도출하는 오류이다. 다음 예를 보자.

취한 상태에서 살인을 하여 재판을 받고 있는 알코올 중독자를 위해 변호사가 판사에게 호소한다.

"알코올 중독은 매우 심각한 사회적 문제입니다.
따라서 마땅히 이러한 사회적 문제를 해결하기 위한 노력이 있어야 할 겁니다."

제2차 세계대전 중 한 수녀에게 독일 내부에서 첩보활동을 하고 있는 연합군 장교를 탈출시키라는 명령이 주어졌다. 수녀는 연합군 장교를 차 트렁크에 숨기고 탈출을 시도했다. 드디어 국경 검문소에 이르렀을 때 독일군 헌병이 수녀에게 물었다.

> "(헌병) 수녀님 혼자입니까?
> (수녀) 혼자가 아닙니다. 우리는 항상 주님과 함께 합니다.
> (헌병) 아, 참 그렇지요!"

〈연습문제〉

1. 다음 주장들이 어떤 오류를 범한 것인지 아래 보기에서 선택하시오.

보기
(ㄱ) 공포에 호소하는 오류　　(ㄴ) 동정에 호소하는 오류
(ㄷ) 복합질문의 오류　　(ㄹ) 증오에 호소하는 오류
(ㅁ) 아첨에 호소하는 오류

(1) 당신, 도둑질한 시계를 전당포에 팔았지?
(2) 선생님! 제가요, 어제 새벽까지 공부하느라 지각했습니다. 그러니 혼내지 마세요.
(3) 대한민국 1%만을 위한 차!
(4) 야! 너 선생님한테 고자질하면 죽을 줄 알아!

2. 다음 주장들이 어떤 오류를 범한 것인지 아래 보기에서 선택하시오.

보기
(ㄱ) 정황에 호소하는 오류　　(ㄴ) 사적관계에 호소하는 오류
(ㄷ) 피장파장의 오류　　(ㄹ) 대중에 호소하는 오류
(ㅁ) 허수아비 공격의 오류　　(ㅂ) 부적합한 권위에 호소하는 오류

(1) 친구 좋다는 게 뭐냐? 이번 한번만 어떻게 안 되겠니?
(2) 박 의원의 말처럼 국방비 예산을 삭감하는 것은 북한의 적화통일을 방관하자는 것과 같습니다.
(3) 가장 많이 팔리는 신문이 가장 신뢰도가 높은 신문이 아니겠습니까?
(4) 딸아, 왜 그렇게 용돈을 낭비하니? 엄마! 엄마도 비싼 화장품 산다고 카드를 긁었잖아요?

3. 다음 주장들이 어떤 오류를 범한 것인지 아래 보기에서 선택하시오.

보기
(ㄱ) 잘못된 유추의 오류　　(ㄴ) 우연의 오류
(ㄷ) 도박사의 오류　　(ㄹ) 의도확대의 오류
(ㅁ) 무지에 호소하는 오류　　(ㅂ) 성급한 일반화의 오류

(1) 김씨는 하는 일마다 망하더라. 그러니 그 사람 친구인 이씨도 치킨 장사를 하면 망하지 않겠느냐고.

(2) 어제 밤 꿈에 똥 꿈을 꾸었지. 지금까지 한 번도 그런 꿈을 꾼 적도 없고 그래서 매번 로또에 당첨되지도 않았어. 이번에야 말로 로또에 당첨될 것이 분명해.

(3) 죽으려면 무슨 짓을 못하겠어!

(4) 하나님이 존재한다고 증명한 사람이 없기 때문에 하나님은 존재하지 않습니다.

4. 다음 주장들이 어떤 오류를 범한 것인지 아래 보기에서 선택하시오.

보기

(ㄱ) 수레를 말 앞에 놓는 오류	(ㄴ) 합성의 오류
(ㄷ) 거짓 딜레마의 오류	(ㄹ) 분해의 오류
(ㅁ) 발생학적 오류	(ㅂ) 흑백사고의 오류

(1) 에어컨을 킨 것을 보니 여름이 왔어!

(2) 신의 존재를 믿지 않습니까? 그럼 당신은 무신론자네요.

(3) 해운대의 백사장은 하얗다. 따라서 해운대 모래는 하얗다.

(4) 농사로는 큰돈을 벌수가 없어요. 풍년에는 농산물의 값이 폭락하고 흉년으로 값이 좋을 땐 농산물의 생산량이 적기 때문이지요.

5. 다음 주장들이 어떤 오류를 범한 것인지 아래 보기에서 선택하시오.

보기

(ㄱ) 애매어의 오류	(ㄴ) 애매문의 오류
(ㄷ) 범주의 오류	(ㄹ) 강조의 오류
(ㅁ) 은밀한 재정의 오류	

(1) 아이고, 아파 죽겠네! 왜 못이 땅바닥에 있어?

(2) 그 사람은 큰 사람이다.

(3) 그는 야구장에서 김양과 이양의 아버지를 보았다.

6. 다음 아래 보기에서 알맞은 답을 고르시오.

(1) 우리의 요구를 받아들이지 않으면, 엄청난 사태가 벌어질 것입니다. 그리고 그 사태에 대한 책임은 모두 당신들에게 있습니다.

(2) 문 닫고 들어와라!

(3) 폭격기에서 폭탄이 떨어지면 병사들이 그 자리에 생긴 구덩이 안으로 몸을 피했다. 왜냐하면 폭탄이 떨어지고 난 뒤에 다시 그 자리에 폭탄이 투하될 확률이 작기 때문이다.

(4) 나는 그 사람이 공산당과 연루돼 있다는 것을 반증할 만한 어떤 것도 서류에 없다는 정보기관의 일반적인 진술 말고는 다른 정보를 별로 갖고 있지 않다.

(5) 술을 마시고 운전하는 것은 백번 잘못한 일입니다. 그런데 오늘 제가 술을 마실 수밖에 없는 이유가 있습니다.

(6) 공산주의자들은 자신의 견해와 의도를 감추는 것을 경멸받을 일로 간주한다. 공산주의자들은 자신들의 목적이 현존하는 모든 사회 질서를 폭력적으로 타도함으로써만 달성될 수 있다는 것을 공공연하게 선언한다. 지배계급들로 하여금 공산주의 혁명 앞에서 벌벌 떨게 하라. 프롤레타리아 혁명 속에서 잃을 것이라고는 쇠사슬뿐이요, 얻을 것은 세계 전체이다. 전 세계의 프롤레타리아여, 단결하라!

(7) 어학연수는 요즘 대학생이라면 반드시 거치는 필수코스가 되었습니다. 취업을 위해서도 반드시 다녀와야 하고요. 늦기 전에 준비하세요! <어학연수 상담소>

(8) 앞으로 외식을 하지 말아야겠어, 죄다 조미료 덩어리니 말이야.

(9) 당신, 폐암으로 일찍 죽고 싶어서 그렇게 담배를 피워대는 거예요?

(10) 극악무도한 살인범에게 사형을 선고해야 한다는 당신의 주장을 받아들이기 어렵습니다. 당신은 목사가 아닌가요?

(11) 취한 상태에서 살인을 하여 재판을 받고 있는 알코올 중독자를 위해 변호사가 판사에게 호소한다. "알코올 중독은 매우 심각한 사회적 문제입니다. 따라서 마땅히 이러한 사회적 문제를 해결하기 위한 노력이 있어야 할 겁니다."

(12) 우주는 무로부터 창조될 수는 없었을 것이므로 어떤 지적 생명력의 전능자에 의해 창조되었음에 틀림없다.

(13) 자동차와 마차는 네 개의 바퀴로 움직인다. 그러므로 마차도 원유로 움직인다.

(14) 만유인력의 법칙은 떨어지는 사과 때문에 발견하였다. 떨어지는 사과가 없었다면 만유인력의 법칙을 발견할 수 없었을 것이다.

(15) 해바라기가 해를 따라 돈다는 것은 잘못된 상식입니다. 해바라기는 단순히 양지바른 곳에서 잘 자라는 것 뿐, 해를 따라 도는 것은 아닙니다. 며칠 전 텔레비전 토론

회에서 한 유명한 학자가 그렇게 말했습니다.

(16) 시험 당일에 머리를 감으면 난 시험을 망친다. 그러므로 시험을 치를 때는 절대로 머리를 감지 않는다.

(17) 한국인이 미국인보다 일 인당 인터넷 사용량이 많다. 그러므로 총 인터넷 사용량도 한국이 미국보다 많을 것이다.

(18) 그가 너의 숭배자라고 하는데 너를 숭배하는 자가 있다는 것은 놀라운 일이다. 그는 어제 자장면을 먹은 후 아이스크림을 먹었다.

(19) 몇몇 A민족 사람들이 폭력 사건을 일으켰다. 따라서 A민족 사람들은 모두 잔인하다.

(20) 정신이상자에 총기 살인미수범인 사람이 나에게 무기를 맡겼다. 그런데 나중에 맡긴 무기를 찾으러 왔을 때 보니 제정신이 아니었다. 그에게 무기를 돌려주어야 하는가?

(21) 내말이 틀렸다고 한 사람은 바보다. 그러므로 내 말에 따라서 행동해야 한다.

(22) 전 정상이에요! 물론 가끔 이상한 짓을 하지만 말인데... 사실 그게 정상이죠!

(23) 그는 아주 큰 신발을 신는다. 그러므로 그에게 영업을 맡기면 좋을 것이다.

(24) 이웃을 사랑하라고 예수님이 말씀하셨으니까, 이웃이 아닌 사람을 사랑하지 않아도 된다.

(25) 당신, 내가 부동산 투기한다고 자꾸 뭐라고 하는데 말이지, 당신도 전에 부동산 투기로 돈을 많이 벌었지! 내가 모를 줄 알았나?

ⓐ 무지에 호소	ⓑ 증오(분노)에 호소	ⓒ 복합 질문의 오류	ⓓ 논점 일탈의 오류	ⓔ 대중에 호소	ⓕ 의도 확대의 오류	ⓖ 공포(힘)에 호소
ⓗ 수레를 말 앞에 놓음	ⓘ 허수아비 공격	ⓙ 정황에 호소	ⓚ 애매어의 오류	ⓛ 잘못된 유비추리	ⓜ 강조의 오류	ⓝ 감정에 호소
ⓞ 부당 권위에 호소	ⓟ 피장파장의 오류	ⓠ 거짓 딜레마	ⓡ 합성의 오류	ⓢ 원칙혼동의 오류	ⓣ 애매문의 오류	ⓤ 도박사의 오류
ⓥ 사적관계에 호소	ⓦ 분해의 오류	ⓧ 우물에 독 뿌리기	ⓨ 거짓 원인의 오류	ⓩ 발생 학적 오류	㉠ 성급한 일반화	㉡ 은밀한 재정의

7. 제시문1에 나타난 문제의식을 바탕으로, 공동체 구성원의 의무와 권리에 대한 제시문2의 화자의 관점을 지지하거나 비판해보시오.

제시문1 : 의무와 권리는 사회 질서의 양면을 이루고 있습니다. 의무는 그것으로 혜택을 보는 사람의 권리를 전제합니다. 권리는 그것을 준수하기 위해 따라야 하는 의무를 수반합니다. 의무를 보유한 사람과 권리를 보유한 사람이 일대일 대응 관계를 이루지 않을 때에도 의무가 있는 곳에는 권리가 있기 마련입니다. 따라서 '무엇이 의무인가'를 깊이 파고드는 건 결국 "무엇이 권리이고, 왜 그것은 권리로서 정당화되는가?"를 헤아리는 일과 동일시됩니다.

예를 들어, "정치가를 객관적인 어조로 비판할 수는 있지만 패러디 같은 정치 풍자로 조롱해서는 안 될 의무가 있다"고 주장하는 사람이 있다고 칩시다. 그러면 "왜 그게 국민의 의무가 되는가?"라는 물음을 던질 수 있겠지요. 이때 "누구나 조롱당하지 않고 살아갈 권리가 있기 때문이다"라는 대답이 되돌아옵니다. 여기에 "아니다. 형식과 내용을 자유롭게 취해서 정치가를 비판할 권리는 표현의 자유이다"는 식으로 반론이 제기되며 논의가 진행될 것입니다. <너의 의무를 묻는다.>

제시문2 : 고등학교 1학년 때 형의 주벽으로 가계가 파산을 겪은 뒤부터, 그리고 마침내 그 형이 세 조카아이와 그 아이들의 홀어머니까지를 포함한 모든 장남의 책임을 내게 떠맡기고 세상을 떠난 뒤부터 일은 줄곧 그렇게만 되어 온 셈이었다. 고등학교와 대학교와 군영 3년을 치러 내는 동안 노인은 내게 아무것도 낳아 기르는 사람의 몫을 못 했고, 나는 또 나대로 그 고등학교와 대학과 군영의 의무를 치르고 나와서도 자식 놈의 도리는 엄두를 못 냈다. 노인이 내게 베푼 바가 없어서가 아니라 그럴 처지가 못 되었기 때문이다. 나는 나대로 형이 내게 떠맡기고 간 장남의 책임을 감당하기를 사양치 않을 수가 없었기 때문이었다. 노인과 나는 결국 그런 식으로 서로 주고받을 것이 없는 처지였다. 노인은 누구보다 그것을 잘 알고 있었다. 그렇기 때문에 내게 대해선 소망도 원망도 있을 수가 없었다. 그런 노인이었다. …(중략)… 나는 처음 그런 노인의 이야기를 들었을 때 무턱대고 가슴부터 덜렁 내려앉고 있었다. 노인에 대한 빚 생각이 처음으로 머릿속에 떠오른 순간이었다. 이 노인이 쓸데없는 소망을 지니면 어쩌나? 하지만, 나는 곧 마음을 가라앉혔다. 무엇보다도 나는 노인에 대해서 빚이란 게 없었다. 노인이 그걸 잊었을 리 없었다. 그리고 그런 아들에게 섣부른 주문을 내색할 리 없었다. 전부터도 그 점만은 안심을 할 만한 노인의 성깔이었다. …(중략)… 아닌 게 아니라 나이를 먹으면 노인들은 모두 어린애가 되어 가는 것일까? 노인은 정말로 내게 빚이 없다는 사실을 잊어버리고 만 것일까? 노인의 말처럼 그건 일테면 노망기가 분명했다. 그런 염치도 못 가릴 정도로 노인은 그렇게 늙어 버린 것이었다. 하지만, 나는 굳이 노인의 그런 노망기를 원망할 필요도 없었다. 문제는 서로 간의 빚의 문제였다. 노인에 대해 빚이 없다는 사실만이 내게는 중요했다. 염치가 없어져서건 노망을 해서건 노인에 대해 내가 갚아야 할 빚만 없으면 그만인 것이다. "빚이 있을 리 없지. 절대로! 글쎄 노인도 그걸 알고 있으니까 정면으로는 말을 꺼내지 못하질 않던가 말이다." <눈길> (2011년 연세대 원주)

제9장

삼단논법

우리들은 일생생활을 하면서 삼단논법이라는 말을 자주 듣고 쓰고 있다. 특히 논리학에서 수학에서 이론적인 체계를 언급한다. 여기서 삼단논법의 개념이 무엇이며, 표준형식 정언명제의 틀은 어떻게 되어 있으며, 정언삼단논법이란 어떻게 전개되는 것이며, 삼단논법의 오류란 어떻게 이해를 해야 되는가를 정리한다.

9.1 삼단논법의 개념

우리들은 일생생활을 하면서 삼단논법이라는 말을 자주 듣고 쓰고 있다. 특히 논리학에서 수학에서 이론적인 체계를 언급한다. 여기서 삼단논법의 개념이 무엇이며, 표준형식 정언명제의 틀은 어떻게 되어 있으며, 정언삼단논법이란 어떻게 전개되는 것이며, 삼단논법의 오류란 어떻게 이해를 해야 되는가를 정리한다.

한 개의 판단 또는 두 개 이상의 판단에서 새로운 판단을 도출하는 것이 추리(inference)이다. 추리가 언어로 표현되었을 때 그것은 논증이 된다. 그리고 도출의 이유로서 주어진 판단이 전제(premises)이며, 이것을 토대로 새로이 도출된 새로운 판단을 결론(conclusion)이라고 한다. 전제와 결론을 연결시켜주는 말을 연결어라고 한다. 여기서 언급된 전제와 결론은 추리의 두 가지 요소가 된다.

전통적 논리학에서 전제로 되는 판단이 1개인 경우를 <직접추리>라고 하고, 그것이 2개 이상인 경우를 <간접추리>라고 한다. 간접추리 중 전제가 2개인 것을 새로 얻어진 결론으로서의 판단을 더해서 3개의 판단으로 이루어져 있기 때문에 <삼단논법>이라고 한다.

삼단논법(syllogism; syllogismus)이라는 말을 우리들은 생활하는 중에 자주 이야기하는데, 과연 삼단논법이라는 진정한 의미는 무엇일까? 아리스토텔레스가 그 이론적 기초를 이루었으며, 2개의 전제와 1개의 결론으로 형성된다. 삼단논법은 그 전제의 성격에 따라 정언삼단논법, 가언삼단논법, 선언삼단논법으로 구분한다. 일반적으로 정언삼단논법을 삼단논법이라고 한다. 보통 소크라테스의 삼단논법을 흔히 이야기한다.

> "모든 사람은 죽는다. (대전제)
> 소크라테스는 사람이다. (소전제)
> 그러므로 소크라테스는 죽는다. (결론)"

삼단논법이란 두 개의 전제와 하나의 결론으로 이루어진 논증을 말한다. 즉 A=B, B=C이면, A=C이다. 이것이 전통적 논리학에서 전형적인 추리법이며 정언삼단논법이라고 한다. 보통 삼단논법이라고 말할 때는 정언삼단논법을 의미한다.

<명제(proposition)>란 어떤 문제에 대한 하나의 논리적 판단이며 내용과 주장을 언어 또는 기호로 표시한 것이다. 즉 참과 거짓을 판단할 수 있는 문장이나 식을 명제라고 한다. 명제에는 참인 명제와 거짓인 명제가 있다.

> "3은 0보다 크다." (참인 명제)
> "|−5|=−5" (거짓인 명제)

명제가 성립되기 위해서는 판단의 대상이 되는 주어(S: subject)와 그 대상을 이러저러하다고 규정하여 표현해주는 술어(P: predicate) 그리고 이 둘을 이어줄 연결어가 필요하다. 다음의 예를 보자.

> "이 책상은 갈색이다."

이 책상은 주어이며, 갈색은 술어이고, "…은 …이다."는 연결어가 된다. 주어는 다른 말로 주사 또는 주개념이라고 하며, 술어는 다른 말로 빈사 또는 빈개념이라고 한다. 연결어는 다른 말로 계사(copula)라고 한다.

전통적 논리학에서 다루는 판단 내지 명제의 종류는 다음과 같이 정리할 수 있다.

- 명제
  - 정언명제
    - 전칭긍정명제(A)
    - 전칭부정명제(E)
    - 특칭긍정명제(I)
    - 특칭부정명제(O)
  - 조건명제
    - 가언명제
    - 선언명제

정언삼단논법이란 두 전제와 결론 모두가 정언명제인 경우를 말한다. 가언삼단논법은 "만일 A라면 B이다. A이다. 그러므로 B이다."라는 형식을 취하는 논법이다. 선언삼단논법은 "A 또는 B이다. A는 아니다. 그러므로 B다."라는 형식을 취하는 논법이다. 그러나 가언삼단논법과 선언삼단논법은 결국 정언삼단논법에 귀착한다는 것이 전통논리학의 입장이다.

■ 삼단논법의 종류 ■

구분	정언삼단논법	가언삼단논법	선언삼단논법
내용	모든 M은 P다. S는 M다. 그러므로 S는 P다.	만일 A라면 B다. A다. 그러므로 B다.	A 또는 B다. A는 아니다. 그러므로 B다.
예	인간은 모두 죽는다. 소크라테스는 인간이다. 그러므로 소크라테스는 죽는다.	철에 열을 가하면 팽창한다. 철에 열을 가하였다. 그러므로 팽창한다.	이 선은 직선이거나 곡선이다. 이 선은 직선이 아니다. 그러므로 이 선은 곡선이다.

<정언명제>란 "모든 남성은 동물이다."와 같이 하나의 주개념과 하나의 빈개념으로 이루어진 명제로서 빈개념이 주개념을 전체적으로나 부분적으로 긍정하거나 부정하는 명제이다. 예를 들어 "어떤 과학자는 여성이다.", "어떤 정치가는 거짓말쟁이가 아니다." 이러한 명제는 질과 양으로 구분한다.

앞에서 소개했던 명제의 양과 질에 대해 다시 한 번 간단히 설명해보겠다.

1) 명제의 질

명제의 질은 주개념과 빈개념의 일치여부를 나타내주며, 둘이 일치하여 "…이다."로 나타낸다. 빈개념이 주개념을 긍정하는지 혹은 부정하는지에 따라서 명제의 질은 긍정(affirmative)과 부정(negative)으로 구분된다.

"모든 남성은 동물이다."
"어떤 과학자는 여성이다."

이와 같은 정언명제의 질은 긍정임을 알 수 있다. 이와 대조적으로

"모든 고양이는 참새가 아니다."
"어떤 정치가는 거짓말쟁이가 아니다."

이와 같은 정언명제의 질은 부정이다. 주개념과 빈개념 사이의 관계를 나타내주는 정언명제의 구성요소를 계사(copula)라고 하는데, 계사는 대체로 "~이다."와 "~이 아니다."의 형태를 갖는다.

2) 명제의 양

명제의 양이란 명제의 주장내용이 빈개념의 주개념에 대한 언명이 전체적인가 혹은 부분적인가에 따라 명제의 양은 전칭(universal)과 특칭(particular)으로 구분한다.

> "모든 남성은 동물이다."
> "모든 고양이는 참새가 아니다."

이와 같은 경우는 전칭의 양을 갖는다. 이에 비해서

> "어떤 과학자는 여성이다."
> "어떤 정치가는 거짓말쟁이가 아니다."

이런 경우는 특칭의 양을 갖는다. 이와 같은 명제의 양을 알려주는 정언명제의 구성요소를 양화사라고 한다. 양화사는 "어떤~"과 "모든~"이 대표적이다. "어떤~"은 최소한 하나 이상이라는 의미를 갖는다.

이와 관련하여 페아노는 모든 논리적 명제를 일곱 개의 기본 기호로 공식화함으로써 논리학이 좀 더 멋있게 보이도록 하였다.

아닌	$\sim$	연결사들
또는	$\vee$	
그리고	$\wedge$	
내포	$\rightarrow$	
단지 ~라면	$\leftrightarrow$	
모든	$\forall$	양화사들
어떤	$\exists$	

이 논리 기호들의 처음 다섯 가지는 <연결사>라고 하고, 마지막 두 개는 <양화사>라고 불린다. 이 일곱 개의 기본 논리 기호들을 사용하는 명제들을 다루는 것을 <술어계산(predicate calculus)>이라고 한다.

x를 어떤 대상이라 하고, D(x)가 "x는 개다."를 의미한다고 하자. 그리고 H(x)는 "x는 털이 많다."를 의미한다고 할 때, 다음과 같이 기호형태로 나타낼 수 있다.

형	언어형태	기호형태
A	모든 개는 털이 많다.	$(\forall x)\ [D(x) \rightarrow H(x)]$
E	모든 개는 털이 많지 않다.	$(\forall x)\ [D(x) \rightarrow \sim H(x)]$
I	어떤 개는 털이 많다.	$(\exists x)\ [D(x) \wedge H(x)]$
O	어떤 개는 털이 많지 않다.	$(\exists x)\ [D(x) \wedge \sim H(x)]$

3) 표준형식 정언명제

삼단논법은 두 전제로부터 결론이 추리되는 연역논증이다. 정언삼단논법은 세 개의 명제와 세 개의 개념으로 이루어진 논증이다. 결론의 주개념을 소개념(S)이라고 하고 빈개념을 대개념(P)이라고 한다. 그리고 전제에서만 등장하는 개념을 매개념(M)이라고 한다.

대개념이 등장하는 전제를 대전제라고 하고 소개념이 등장하는 전제를 소전제라고 한다. 정언적 삼단논법의 전제와 결론이 모두 표준형식의 정언명제이고 표준순서로 배열되어 있을 때 표준형식의 정언삼단논법이라고 부른다. 즉 논증에 등장하는 명제가 모두 표준형식의 정언명제이고 명제들의 배열이 대전제 → 소전제 → 결론인 경우를 표준형식의 정언삼단논법이라고 한다.

그러나 주의할 점은 대전제가 그 위치에 의해서 결정되는 것이 아니라, 대명사(결론의 빈개념)를 포함하고 있는 전제가 대전제가 된다는 것이다. 또한 소전제도 그 전제의 위치에 의해서 결정되는 것이 아니라 소명사(결론의 주개념)를 가지고 있는 전제가 소전제가 된다.

표준형식의 정언명제는 유럽지역에서 다음과 같은 형식으로 나타낸다.

"양화사 + 주어 + 계사 + 술어"

하지만 우리말에서는

"양화사 + 주어 + 술어 + 계사"

순서로 배열된다.

이러한 표준형식의 정언명제는 명제의 질과 양에 의해서 네 가지로 나누어진다. 즉 A명제, E명제, I명제, O명제이다. AEIO식은 라틴어의 Affimo(나는 긍정한다)와 Nego(나는 부정한다)에서 유래되었다. 표준형식의 정언명제는 다음과 같다.

(1) 전칭 긍정명제(A명제) : 모든 S는 P이다.

(2) 전칭 부정명제(E명제) : 모든 S는 P가 아니다 또는 어떠한 S도 P가 아니다.

(3) 특칭 긍정명제(I명제) : 어떤 S는 P이다 또는 P인 S가 최소한 하나 이상 있다.

(4) 특칭 부정명제(O명제) : 어떤 S는 P가 아니다 혹은 P가 아닌 S가 최소한 하나이상 있다.

이것을 주연관계로 살펴 볼 수 있다.

명제가 주장하는 내용이 주개념(혹은 빈개념) 전체에 미칠 경우 주개념(혹은 빈개념)은 주연 된다. 다시 말해서 어떤 명사의 외연 속에 포함되는 모든 개체에 대해 언급되었을 때, 그 명사는 주연(distribution)되었다고 하고, 어떤 명사의 외연(extension)의 일부분에 해당되는 것을 언급되었을 때, 그 명사는 부주연(undistribution)되었다고 말한다. 여기서 외연이란 어떤 명사가 지시하는 전체 범위를 의미한다.

"모든 남성은 동물이다." (A명제)

오일러의 도식으로 아래 그림과 같이 나타낼 수 있다.

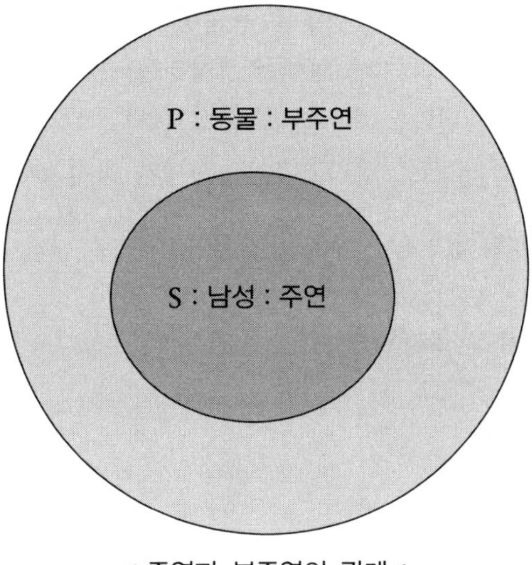

■ 주연과 부주연의 관계 ■

이 경우 남성이면서 동물이 아닌 경우는 없으므로 주어는 주연되고 있지만, 동물이면서 남성이 아닌 경우는 있으므로 술어는 부주연 되고 있다.

"모든 고양이는 참새가 아니다." (E명제)

이 경우는 고양이 전체가 참새가 아니면서 참새 전체가 고양이가 아님을 주장하고 있으므로 주어와 술어는 모두 주연 된다.

"어떤 과학자는 여성이다." (I명제)

이 경우는 과학자 전체가 여성이라고 주장하고 있는 것도 아니고 여성 모두가 과학자라고 주장하는 것이 아니라 과학자 중 일부가 여성이고 여성 중 일부가 과학자라고 주장하고 있으므로, 주어와 술어 모두가 부주연 된다.

"어떤 정치가는 거짓말쟁이가 아니다." (O명제)

이 경우는 일부의 정치가가 거짓말쟁이 집합에서 완전히 배제되었음을 주장하므로 빈개념은 주연된다. 그러나 모든 정치가가 거짓말쟁이 집합에서 완전히 배제되었음을 주장하고 있지는 않으므로 주개념은 부주연 된다. 따라서 A명제의 주개념은 주연되고 빈개념은 부주연 된다.

E명제는 주개념과 빈개념 모두 주연된다. I명제는 주개념과 빈개념 모두 부주연 된다. 그리고 O명제의 주개념은 부주연이지만 빈개념은 주연된다. 이들이 갖는 성질을 검토해보면 전칭명제는 주개념을 주연시키고, 특칭명제는 주개념을 부주연시킨다는 것을 알 수 있다. 그리고 긍정명제는 빈개념을 부주연시키고, 부정명제는 빈개념을 주연시킴을 알 수 있다.

다시 한 번 정리해보면, 사람들이 모든 S(주개념)에 대해 이야기하느냐 아니면 단지 몇 개의 S(주개념)에 대해서만 이야기하느냐에 따라, 그리고 사람들이 P(빈개념)인 것에 대해 이야기하느냐 아니면 P(빈개념)가 아닌 것에 대해 이야기하느냐에 따라, 여기서 두 가지의 성질에 대한 네 가지의 명제를 얻을 수 있다.

명제의 형식	예	일반형	명제의 부류
A	모든 개는 털이 많다.	모든 S는 P이다.	전칭 긍정
E	모든 개는 털이 많지 않다.	모든 S는 P가 아니다.	전칭 부정
I	어떤 개는 털이 많다.	어떤 S는 P이다.	특칭 긍정
O	어떤 개는 털이 많지 않다.	어떤 S는 P가 아니다.	특칭 부정

대개의 경우 비표준적 정언명제가 등장하기 때문에 비표준적 정언명제를 표준형식 정언명제로 변환하고 난 이후에 타당성 검토를 하게 된다.

따라서 정언삼단논법에 대해 이해하기 위해서는 정언면제가 무엇인가와 비표준적 정언명제를 표준형식 정언명제로 변환하는 방법을 알고 있어야 한다.

〈뱀 그리기〉[1)]

옛날 초나라의 어떤 사람이 제사를 지낸 후 일꾼들을 대접하려고 술 한 병을 내놓았다. 일꾼들은 여러 명인데 술이 한 병뿐이라 누가 마실 것인가를 반나절이나 의논해봤지만 뾰족한 수가 나오지 않았다.

그런데 누군가 이렇게 제의하는 것이었다.

"각자 땅바닥에다 뱀을 그리기로 하고, 그 중 제일 빨리 그린 사람이 그 술을 차지하는 것이 어떻겠소?"

그러자 모두들 그 방법이 좋겠다고 찬성했다. 그래서 내기가 시작되었다.

한 젊은이는 순식간에 뱀을 다 그렸다. 따라서 술은 그의 차지가 되기 마련이었다. 여유만만한 표정의 젊은이는 옆 사람들을 살펴보았으나 누구도 채 그리지 못한 상태였다. 그래서 그는 왼손에 술병을 거머쥐고 오른손에는 그림을 그리던 나뭇가지를 쥔 채 의기양양하게 말했다.

"아니, 뭐가 어렵다고 그렇게들 꾸물대고 있소? 그 사이에 난 또 발까지 몇 개 그려 넣겠소이다!"

그가 뱀의 발을 그리는 동안 다른 사람이 뱀을 다 그리고는 술병을 슬쩍 빼앗아 쥐면서 말했다.

"뱀에게는 발이 없는데 당신은 왜 발을 그렸소! 그러니 제일 먼저 뱀을 그린 사람은 당신이 아니라 바로 나요!"

말을 마치자 그 사람은 떳떳이 술병을 들고 마시기 시작했다.

9.2 정언삼단논법

1) 정언삼단논법의 개념

삼단논법이란 세 개의 명제로 이루어진 논증형식을 말하는데, 논증의 수는 결론의 수가 결정한다. 삼단논법은 하나의 결론과 두 개의 전제를 갖는 논증형식이라고 볼 수 있다. 삼단논법 중 정언적(categorical) 판단만을 전제로 하여 정언적 결론을 내리는 추리를 정언삼단논법이라 한다. 정언삼단논법은 정확히 세 개의 명제와 세 개의 개념으로 이루어진 논증으로 각각의 개념은 전체 논증에서 정확히 두 번씩 등장한다. 기본형식은 다음과 같다.

M − P (대전제)
S − M (소전제)

---

1) 김득순, [이야기 속의 논리학], 새날 2002

∴ S – P (결론)

즉

모든 M은 P다. (대전제)
모든 S는 M이다. (소전제)
∴ 모든 S는 P다. (결론)

다음의 예를 보자.

"모든 사람은 죽는 것이다.
모든 영웅도 사람이다.
그러므로 모든 영웅도 죽는 것이다."

위의 세 개의 판단에는『영웅』,『사람』,『죽는 것』의 세 개념이, 즉 소개념, 중개념 그리고 대개념이 있다. 죽는다는 것은 개념의 외연이 가장 넓어서 다른 두 개념을 포함하고 있으므로 이것을 대개념이라고 하고 결론에 있어서는 빈개념이 된다.『영웅』이라는 개념은 외연이 가장 적어서 다른 두 개념에 포함되고 있으므로 이것을 소개념이라 하고 결론에 있어서 주개념이 된다.
『사람』이라는 개념은 외연의 크기가 다소 두 개념의 중간이 되므로 이것을 중개념이라고 하나 대개념과 소개념과의 관계를 매개하여 결론을 성립시키는 의미로 보아 보통 매개념이라고 부른다.
언어적 표현에서는 대개념을 대명사(major term)라 하여 기호를 P(predicate의 첫 글자)로 표시하고, 소개념은 소명사(minor term)라 하여 기호를 S(subject의 첫 글자)로 표시하고, 매개념은 중명사(middle term)라 하여 기호를 M(medium의 첫 글자)으로 표시한다.

대개념을 가진 전제를 대전제라 하고 소개념을 가진 전제를 소전제라 한다. 삼단논법(연역법)은 "전체에 관해서 참인 것은 부분에 관해서도 참이다."는 법칙에 의거하여 보편적 원리로부터 부분에 관한 지식을 이끌어내는 것이다. 즉 일반으로부터 특수를 추론하는 방법이다.

삼단논법은 그 전제를 구성하고 있는 판단의 종류에 따라 정언삼단논법, 가언삼단논법, 선언삼단논법 그리고 특히 대전제가 가언판단으로 되고 소전제가 선언판단으로 된 딜레마(dilemma) 등으로 구별할 수 있다.

〈형제 사이〉[2]

독실한 신앙을 가진 아버지가 하루는 아들을 불러 앉혀 놓고는 타일렀다.

"애야, 너도 이젠 철이 들었으니 교회에 다녀야 할 게 아니겠니?"

그러자 아들은 "예, 알겠습니다. 하나님을 믿어서 좋다면 꼭 믿어야죠!"하고 대답했다.

"암, 그렇고말고, 전지전능하신 하나님 아버지께서는 나약한 우리 인간이 진심으로 믿기만 하면 장차 우리를 천국으로 인도해주실 거다."

"아버지, 정말 그렇다면 저도 오늘부터 교회에 다니겠습니다."

아들의 시원스런 대답에 아버지는 너무도 기뻐서 그 자리에서 성경을 꺼내 들고 아들에게 하나님 말씀을 가르치기 시작했다. 아버지가 읽으면 아들은 따라 외웠다.

"전지전능 하신 하나님 아버지시여!"

"전지전능 하신 하나님 할아버지시여!"

"주여, 만물의 창조주이신 하나님 아버지시여!"

"주여, 만물의 창조주이신 하나님 할아버지시여!"

"하나님 아버지시여!"하고 가르쳤는데 매번 '할'자 하나를 더 붙여 "하나님 할아버지시여"하고 외우는 통에 아버지는 그만 화가 나서 꾸짖었다.

"아니, 이 바보 같은 녀석아! 하나님 할아버지가 뭐냐, 하나님 아버지라는데도!"

아버지의 꾸중을 듣고 억울하다고 생각한 아들은 머리를 긁적거리면서 되물었다.

"아니, 아버지께서 하나님을 아버지라고 부르시는데 저는 아버지의 아들이니 하나님을 할아버지라 불러야 옳지 않겠습니까?"

아버지는 기가 차다는 듯 표정으로 조용히 말했다.

"아니다 아냐, 너나 나나 다 같은 하나님의 아들이란다. 따라서 하나님을 모두 아버지라 불러야 한다. …"

그러자 아들은 아버지의 말이 채 끝나기도 전에 야무지게 반문했다.

"아니, 아버지도 하나님의 아들이고 저도 하나님의 아들이라면, 아버지와 제가 형제 사이란 말입니까?"

"엉??"

아버지는 입만 딱 벌리고 아무 말도 하지 못했다.

2) 정언삼단논법의 공리와 규칙

삼단논법은 다음의 3개의 공리에 의거한다.

---

2) 김득순, [이야기 속의 논리학], 새날 2002

공리 1 : 두 개념(S와 P)이 동일한 제3개념(M)과 일치하는 경우에는 두 개념(S와 P)도 서로 일치한다.
즉

S=M 그리고 P=M이면, S=P

공리 2 : 두 개념(S와 P) 중의 한 쪽이 동일한 제3개념(M)과 일치하고 다른 쪽이 일치하지 않을 경우에는 두 개념(S와 P)도 서로 일치하지 않는다.
즉

S=M, P≠M 또는 S≠M, P=M

공리 3 : 두 개념(S와 P)이 같이 동일한 제3개념(M)과 일치하지 않을 경우에는 두 개념(S와 P)은 일치하기도 하고 일치하지 않기도 하여 그 관계가 일정하지 않다.
즉

S≠M, P≠M이면, S=P 또는 S≠P

이러한 공리에 의거해서 삼단논법의 6개의 규칙과 3개의 부칙이 생긴다.[3)]

규칙 1 : 삼단논법은 3개의 개념으로 이루어지고, 또한 3개에 한한다. 그리고 그들의 의의는 추리의 과정을 통해서 항상 통일되어야 한다.

개념이 두 개뿐이면 직접추리는 가능하나 삼단논법일 수 없고, 개념이 세 개보다 많으면 대전제, 소전제, 매개념을 정할 수 없게 되어 <매개념 애매의 허위> 또는 <4개 개념 허위>에 빠지게 된다. 다음의 예를 보자.

"병은 안정을 필요로 한다.
그의 게으름은 병이다.
그러므로 그의 게으름은 안정을 필요로 한다."

위의 예에서 소전제에 사용된 병은 비유적으로 사용된 것으로, 일반적인 병과는 달라서 당장에는 낫지 않는다고나 할 수 있는 그런 의미의 한 소부분밖에 공통으로 하고 있지 않다.

---

3) 정위선, 논리학입문, 학문사, 1994, p117-137.

규칙 2 : 삼단논법은 3개의 판단으로 이루어지고, 또한 3개에 한한다.

규칙 3 : 매개념은 전제에 있어서 한 번은 반드시 주연(전칭)되어야 한다.

이와 관련하여 예를 보자.

> "어떤 버섯은 독이 있다.
> 송이버섯은 버섯이다.
> 그러므로 송이버섯은 독이 있다."

위의 예는 바른 추리는 아니다. 매개념이 『버섯』인데, 『버섯』이 두 전제에서 모두 부주연 되고 있다. 이와 같은 허위를 <매개념 부주연의 허위>라고 한다.

규칙 4 : 전제에 있어서 주연(전칭)되지 않는 개념을 결론에서 주연(전칭)시킬 수 없다.

이러한 규칙을 위반하면 <대개념 부당주연의 허위> 또는 <소개념 부당주연의 허위>를 범하는 것이 된다. 다음의 예를 보자.

> "모든 주전론자는 애국자이다.
> 모든 비전론자는 주전론자가 아니다.
> 그러므로 모든 비전론자는 애국자가 아니다."

위의 예는 <대개념 부당주연의 허위>에 해당한다.

규칙 5 : 양 전제가 다 같이 긍정이면 결론도 긍정이어야 한다. 또한 전제의 하나가 부정이면 결론도 부정이어야 한다.

이런 규칙을 위반하면 <부당부정의 허위> 또는 <부당긍정의 허위>를 범하는 것이 된다.

규칙 6 : 양 전제가 동시에 부정일 때, 결론을 얻을 수 없다.

이것의 위반은 <부정전제의 허위>라고 한다. 여기서 주의할 점은 일상의 표현에서는 부정적으로 표현되기는 하나, 삼단논법의 형식으로 바꾸는 경우에는 긍정적으로 표현되는 경우가 많다. 다음의 예를 보자.

"경험이 없는 인간은 성공하지 못한다.
그는 경험이 없다.
그러므로 그는 성공하지 못한다."

위의 경우는 <부정전제의 허위>라고 할 수가 없고, 다음과 같이 고칠 수 있다.

"경험이 없는 인간은 성공하지 못하는 인간이다.
그는 경험이 없는 인간이다.
그러므로 그는 성공하지 못하는 인간이다."

부칙 1 : 양 전제가 모두 특칭이면 결론을 얻을 수 없다.

그것이 모두 긍정인 경우에 전제에는 하나도 주연된 개념이 없는 것이 되고, 또한 그 하나가 부정인 경우에는 부정판단의 P만 주연되고, 이것이 매개념으로 되지 않으면 안 된다.

부칙 2 : 전제의 하나가 특칭이면 결론도 특칭이어야 한다.

전제가 다 같이 긍정인 경우에는 주연되어 있는 개념은 전칭판단의 S뿐이고, 이것이 매개념이 되어야만 하고, 그렇다면 결론의 S는 부주연의 개념을 쓰지 않을 수 없으므로 특칭판단이 된다.

부칙 3 : 대전제가 특칭이고 또한 소전제가 부정이면, 결론을 얻을 수 없다.

3) 정언삼단논법의 격과 식

정언명제의 종류에는 전칭 긍정명제(A명제), 전칭 부정명제(E명제), 특칭 긍정명제(I명제), 특칭 부정명제(O명제)의 4가지가 있다. 정언삼단논법은 정언명제들로 구성되므로 대전제, 소전제, 결론에 올 수 있는 정언명제의 종류도 4종류이다.

정언삼단논법을 구성하는 대전제, 소전제, 결론의 명제들이 A, E, I, O 명제 중 어느 것에 해당하느냐에 따라서 정언삼단논법의 <식(mood)>이 결정된다.

표준형식의 정언삼단논법은 식과 격에 의해 구분된다. 대전제, 소전제, 결론에 해당하는 명제의 양과 질에 의해 구분된다. 즉 AAA식이란 대전제, 소전제, 결론 모두가 전칭 긍정명제인 정언삼단논법이고, IOO식이란 대전제는 특칭 긍정, 소전제와 결론은 특칭 부정명제인 정언삼단논법이다.

<격(figure)>이란 매개념의 위치에 의해 정해진다. 매개념이 대전제의 주개념과 소전제의 빈개

념 자리에 있는 경우를 1격이라고 한다. 매개념이 두 전제 모두에서 주개념 자리에 있는 경우를 2격이라고 한다. 매개념이 두 전제 모두에서 빈개념 자리에 있는 경우를 3격이라고 한다. 매개념이 대전제의 빈개념과 소전제의 주개념 자리에 있는 경우를 4격이라고 한다.

삼단논법을 특징짓는 데에는 두 가지 방법이 있다. 첫 번째 방법은 사용된 명제들의 종류와 관계가 있다. 소크라테스 삼단논법에서는, 사용된 세 개의 명제 모두가 전칭 긍정인 A형의 명제들이다. 따라서 이 삼단논법은 <식(mood)> AAA라고 한다. 다른 식으로는 EIO, AOO 등이 있다. 통틀어서 모든 식의 개수는 4×4×4=64개이다. 이것을 다음과 같이 나타낼 수 있다.

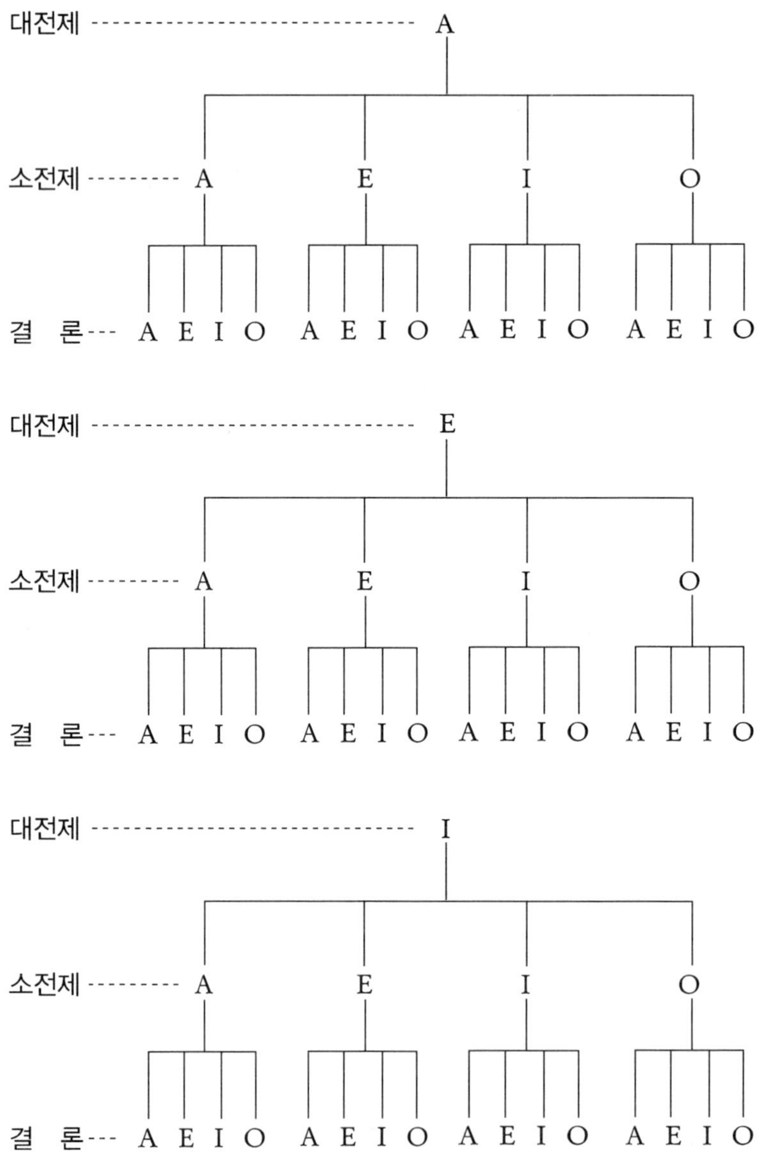

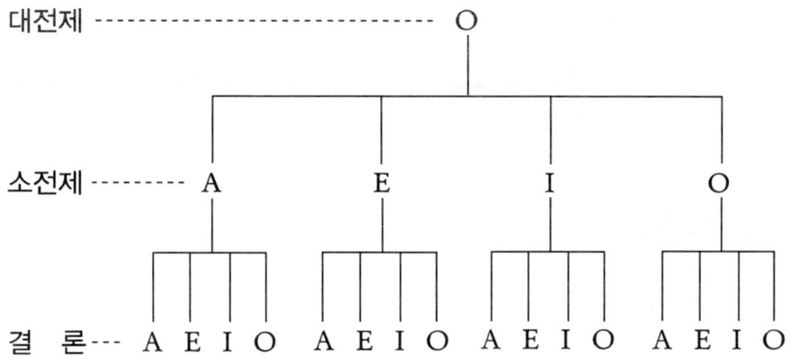

AAA식을 갖는 정언삼단논법의 예를 보자.

"모든 식물은 생물이다. (대전제)
모든 장미는 식물이다. (소전제)
따라서 모든 장미는 생물이다." (결론)

IAI식의 정언삼단논법의 예를 보자.

"몇몇 여인은 화가이다. (대전제)
모든 화가는 예술이다. (소전제)
그러므로 몇몇 예술가는 여인이다." (결론)

삼단논법을 특징짓는 두 번째의 방법은 두 개의 전제에서 성질 P(주개념), M(매개념), S(빈개념)를 배열하는 것과 관계가 있다. 격이란 두 전제가 대전제, 소전제의 순서로 배열되어 있을 때, 매개념의 위치가 어디에 놓이느냐에 따라 결정된다. 여기에는 <격>에 따라 네 가지로 분류할 수 있다.

	제1격	제2격	제3격	제4격
제1전제	M - P	P - M	M - P	P - M
제2전제	S - M	S - M	M - S	M - S
결 론	S - P	S - P	S - P	S - P

정언삼단논법의 타당성은 식과 격에 의해 결정된다. 정언삼단논법의 식의 가능한 조합은 64개이고, 이 각각의 식이 4개의 격을 갖게 되므로 가능한 정언삼단논법의 형식은 모두 256개이다. 아리스토텔레스는 이 256개의 가능한 정언삼단논법의 형식들 중 24개만이 타당한 형식이라고 보았다. 이들 중 올바른 추리 양식은 19개이다.

정언삼단논법의 타당성을 점검하는 방법은 논리적 유비의 방법, 벤 다이어그램에 의한 방법과 규칙을 동원하는 방법이 있다. 정언삼단논법을 구성할 때는 총 11가지의 규칙들을 지켜야 하며, 해당 규칙을 지키지 않을 경우 형식적 오류를 범하게 된다.

4) 일상적 표현의 기본형화

일상적인 사고표현은 질서정연하게 정돈된 정언삼단논법의 전형적인 표현이라기보다는 표현자의 변형된 형태에 의한 표현들이 대부분이다. 이러한 변형된 형태들을 기본형으로 바꾸어 그 추리의 타당성 여부를 검토해볼 필요가 있다. 변형된 형태들을 기본형으로 바꾸는데 고려해야 할 점은 다음과 같다.

(1) 명사(개념)의 수는 세 개로 통일한다.

동의어들을 한 명사 또는 명사상당어구로 바꿔서 명사의 수가 셋이 되도록 만든다. 다음의 예를 보자.

"모든 원숭이는 젖을 먹고 자라는 동물이다.
모든 포유류는 조류가 아니다.
따라서 모든 원숭이는 조류가 아니다."

"젖을 먹고 자라는 동물"을 포유류로 통일하면, 다음과 같이 정리할 수 있다.

"모든 원숭이는 포유류이다.
모든 포유류는 조류가 아니다.
따라서 모든 원숭이는 조류가 아니다."

(2) 빈개념이 형용사로 되어 있으면 그것을 명사형으로 바꾼다.

예를 들어 "눈은 하얗다."는 "눈은 하얀 것이다."로 바꿔 쓴다.

(3) 명제의 질을 분명하게 표현한다.

기본형에서는 긍정명제는 "~이다."라는 계사를 쓰고, 부정명제는 "~아니다."라는 계사를 쓴다.

예를 들어 "돼지가 꿀꿀거린다."를 "돼지는 꿀꿀 소리를 내는 동물이다."로 고쳐서 쓴다.

(4) 명제의 양을 주개념 앞에 놓는다.

기본형에서는 전칭명제는 "모든~"이라고 쓰고, 특칭명제는 "약간의~", "일부의~", "몇몇의~"라고 써서 명제의 양을 분명히 나타낸다.

예를 들어 "사람이면 누구나 이성적 동물이다."는 "모든 사람은 이성적 동물이다."로 고친다.

9.3 가언삼단논법

가언삼단논법(hypothetical syllogism)은 가언명제로 만들어진 삼단논법을 의미한다. 가언명제란 두 개의 정언명제가 "만일 …이라면(if … then)"이라는 접속사에 의해 결합된 복합명제이다.

가언명제에 있어서 "만일~"에 의해 이끌려지는 명제를 전건(antecedent)이라고 하고, 그 뒤의 명제를 후건(consequent)이라고 한다. 즉 가언삼단논법은 대전제가 가언명제이고 소전제와 결론이 정언명제로 구성되어 있는 추리를 말한다. 이것을 <혼합가언삼단논법>이라고도 한다. 이러한 추리에 타당성을 부여할 수 있기 위해서는 다음과 같은 것에 유의해야 한다.

규칙 1 : 대전제의 전건이 소전제에서 긍정되고, 후건이 결론에서 긍정되어야 한다.

"만일 A이면, B이다.
A이다.
그러므로 B이다."

다음의 예를 보자.

"철에 열을 가하면 팽창한다.
철에 열을 가하였다.
그러므로 철은 팽창한다."

규칙 2 : 대전제의 후건이 소전제에서 부정되고, 전건이 결론에서 부정되어야 한다.

"만일 A이면, B이다.

B가 아니다.
그러므로 A가 아니다."

이러한 두 가지 규칙은 가언명제의 본성으로부터 귀결하는 규칙이다. 가언명제에서는 전건이 후건의 조건 또는 근거로 되지만, 반드시 유일한 근거 또는 조건이 되는 것은 아니다.

이러한 가언삼단논법의 종류는 크게 두 가지가 있는데, 대전제만이 가언판단이고 다른 것은 정언판단인 삼단논법을 <혼합가언삼단논법> 또는 <반가언삼단논법>이라고 하고, 전부가 가언판단을 이루고 있는 삼단논법을 <순수가언삼단논법> 또는 <전가언삼단논법>이라고 한다.

1) 반가언삼단논법

이것은 하나의 가언명제와 두 개의 정언명제로 구성된 삼단논법을 말한다. 이때 하나의 가언명제는 대전제로 쓰인다. 반가언삼단논법은 긍정식과 부정식이 있다.

긍정식은 대전제의 전건을 소전제에서 긍정하여 결론에서 대전제의 후건을 긍정하는 가언삼단논법이다.

부정식은 대전제의 후건을 소전제에서 부정하여 결론에서 대전제의 전건을 부정하는 가언삼단논법이다.

(1) 전건 긍정의 형식

"A이면 B이고, A이다.
그러므로 B이다."

가언판단은 원래 전건이 충족되면 후건도 충족되는 필연적인 관계에 있으므로 전건을 긍정하면 후건도 긍정된다. 예를 들면 다음과 같다.

"비가 오면 강물이 많아진다.
비가 왔다.
그러므로 강물이 많아졌다."

(2) 전건 부정의 형식

"A이면 B이고, A가 아니다.

그러므로 A가 아니다."

이 경우 B는 전제에서 긍정판단의 빈개념으로 부주연된 것이 결론에서 부정판단의 빈개념으로 주연되므로 <대개념 부당주연의 오류>를 범한다. 그러므로 전건 부정인 경우에 후건을 부정해서는 안 된다. 이를 위반하면 <전건 부정의 오류>에 빠진다. 다음의 예를 보자.

"통근차가 고장이 나면 지각한다.
고장이 나지 않았다.
그러므로 지각하지 않았다."

이러한 결론은 잘못된 추리인데 전건이 후건에 대한 유일한 원인이 될 수 없다.

(3) 후건 긍정의 형식

"A이면 B이다. 그리고 B이다.
그러므로 A이다."

이 경우 두 전제가 모두 긍정이므로 <매개념 부주연의 오류>를 범하게 된다. 따라서 후건을 긍정함으로써 전건을 긍정하여서는 안 된다. 이를 어기면 <후건 긍정의 오류>에 빠진다. 예를 들면 다음과 같다.

"교통사고가 나면 인명이 상한다.
인명이 상했다.
그러므로 교통사고가 났다."

예의 결론은 잘못된 추리인데, 전건이 후건에 대한 유일한 이유가 될 수 없기 때문이다.

(4) 후건 부정의 형식

"A이면 B이다. 그리고 B가 아니다.
그러므로 A가 아니다."

이 경우 후건이 부정되면 전건도 부정된다. 다음의 예를 보자.

"비가 오면 땅이 젖는다.
땅이 젖지 않았다.
그러므로 비가 오지 않았다."

"만일 우주가 무한히 오래되었다면, 우주에 수소가 전혀 남지 않았을 것이다. 수소는 계속해서 헬륨으로 변해 우주에 가득 차기 때문이다. 그리고 이 변화는 한 방향으로만 진행된다. 그런데 우주에 거의 수소로만 구성되어 있다. 따라서 우주는 무한히 오래된 것이 아니다."

2) 전가언삼단논법

두 전제와 결론이 모두 가언판단으로 되어 있는 삼단논법이다. 이를 <순수가언삼단논법>이라고도 한다.

(1) 긍정적 긍정식의 형식

"A이면 B이다. 그리고 C이면 A이다.
그러므로 C이면 B이다."

이 경우 정언삼단논법의 제1격에 해당하며, 대전제의 전건과 소전제의 후건은 매개념의 역할을 한다. 예를 들어 보자.

"교통이 발달하면 여행이 편리해진다.
도로가 확장되면 교통이 발달한다.
그러므로 도로가 확장되면 여행이 편리해진다."

(2) 긍정적 부정식의 형식

"A이면 B이고, C이면 B가 아니다.
그러므로 C이면 A가 아니다."

이 경우는 제2격에 해당하며, 두 전제의 후건이 매개념의 역할을 한다. 예를 들어 보자.

"교양 있는 사람이면 공중도덕을 지킨다.
무식한 사람은 공중도덕을 지키지 않는다.
그러므로 무식한 사람은 교양 있는 사람이 아니다."

(3) 부정적 긍정식의 형식

"B가 아니면 A이고, B이면 C이다.
그러므로 C가 아니면 A이다."

이 경우는 제3격에 해당하며, 두 전제의 전건이 매개념의 역할을 한다. 예를 들어 보자.

"이것을 알지 못한다면 그는 어리석다.
이것을 안다면 싸움이 해소된다.
그러므로 싸움이 해소되지 않는다면 그는 어리석다."

(4) 부정적 부정식의 형식

"A이면 B이고, B이면 C이다.
그러므로 C가 아니면 A가 아니다."

이 경우는 제4격에 해당하며, 대전제의 전건과 소전제의 전건이 매개념의 역할을 한다. 예를 들어 보자.

"인간이면 동물이다.
동물이면 생물이다.
그러므로 생물이 아니면 인간이 아니다."

"제가 운전면허를 따지 않았다면, 당연히 저는 운전을 할 수 없었겠지요.
제가 운전을 할 수 없었다면, 저는 대중교통을 이용해야 했을 테고요.
제가 대중교통을 이용했다면, 저는 도시 바깥으로는 나가기 어려웠겠지요.
제가 도시 바깥으로 나가기 어려웠다면, 저는 주말여행을 취미로 삼을 수 없었을 겁니다.
제가 말 여행을 취미로 삼을 수 없었다면, 지금 제 아내를 그 여행에서 만날 수도 없었겠지요.
지금의 제 아내를 만날 수 없었다면, 저는 결혼을 하지 못했을 겁니다.
제가 결혼을 하지 못했다면, 저는 자녀를 낳을 수 없었겠지요.
제가 자녀를 낳을 수 없었다면, 급락하는 출산율로 인한 우리나라의 위기에 아무런 기여를 할 수 없었을 겁니다.
제가 우리나라의 위기에 기여할 수 없었다면, 우리나라는 멸망했겠죠.
조금 비약이 있기는 하지만, 그래서 결론은 우리나라가 멸망하지 않기 위해서 저는 운전면허를 따야만 했습니다."

9.4 선언삼단논법

선언판단을 기초로 한 삼단논법으로 선언판단을 대전제로 하고 그 선언지 가운데 어느 것을 긍정 또는 부정하는 정언판단을 소전제로 하여 결론을 이끌어낸다.

두 개 이상의 정언명제가 접속사 "혹은"에 의해 연결되어 있는 복합명제를 <선언명제>라고 한다. 선언명제에서 "혹은"에 의해 연결되어 있는 각 부분들은 선언지라고 말한다.

<선언삼단논법(disjunctive syllogism)>의 형식은 크게 둘로 나눌 수 있는데, 첫째는 대전제의 선언지 중 어느 것을 소전제에서 긍정하고 나머지 선언지를 결론에서 부정하는 형태를 취하는 긍정적 부정식이며, 둘째는 대전제의 선언지 중 어느 것을 소전제에서 부정하고 나머지 선언지를 결론에서 긍정하는 형태를 취하는 부정적 긍정식이 있다. 선언삼단논법은 다음의 형식을 취하는 논법이다.

"A 또는 B이다.
A는 아니다.
그러므로 B이다."

1) 긍정적 부정식의 형식

"A는 B이거나 C이다.
그리고 A는 B이다.
그러므로 A는 C가 아니다."

이 경우는 대전제의 선언지 가운데 어느 하나를 소전제에서 긍정함으로써 성립한다. 예를 들어보자.

"그 사람은 남자이거나 여자다.
그 사람은 남자다.
그러므로 그 사람은 여자가 아니다."

2) 긍정적 긍정식의 형식

"A는 B이거나 C이다.
그리고 A는 B가 아니다.
그러므로 A는 C이다."

이 경우는 대전제의 선언지 가운데 어느 하나를 소전제에서 부정함으로써 성립한다. 예를 들어 보자.

"저 소는 암놈이거나 수놈이다.
저 소는 암놈이 아니다.
그러므로 저 소는 수놈이다."

〈외나무다리에서 만난 염소〉[4)]

어느 날 흰 염소와 검은 염소 두 마리가 외나무다리에서 만났다. 원래부터 사이가 좋지 않은 그들은 서로 제 갈 길이 바쁘다고 버티면서 길을 비켜 주지 않았다.

흰 염소는 "내가 먼저 건너갈 테니 넌 되돌아갔다가 다시 건너 와!" 하고 호통을 쳤다.

검은 염소는 "너나 되돌아갔다가 다시 건너오렴. 난 볼일이 바빠서 지체할 수 없어!" 하고 꼼짝도 하지 않았다.

다리목에서 이 광경을 바라보던 늙은 염소는 혹은 흰 염소가 양보하거나 혹은 검은 염소가 양보하거나 혹은 둘 다 양보하지 않을 것이다! 라고 판단했다.

9.5 딜레마

딜레마(dilemma)[5)]는 가언명제와 선언명제가 혼합된 삼단논법이다. 즉 대전제가 두 개의 가언판단이 연결되어 구성되고, 소전제는 대전제의 두 전건을 선언적으로 긍정하거나 후건을 선언적으로 부정하거나 하여 결론을 이끌어낸다.

---

4) 김득순, [이야기 속의 논리학], 새날 2002
5) 원래 dilemma란 희랍어에서 유래한 것으로 둘을 의미ㅏ는 'di'와 가정을 의미하는 'lemma'의 합성어이다. 따라서 그 원래의 뜻은 이중가정이다.

이 경우 결론이 정언적인가 혹은 선언적인가에 따라 단순과 복잡으로 구분되며, 소전제가 긍정적인가 혹은 부정적인가에 따라 구성과 파괴로 구분된다.[6)]

1) 단순 구성적 딜레마의 형식

"A이면 B이다. C이면 B이다.
A이든가, C이든가다.
따라서 B이다."

다음의 예를 보자.

"정상에 오르기 위해서 A코스를 택하면 약 5시간이 소요된다.
정상에 오르기 위해서 B코스를 택하면 약 5시간이 소요된다.
그런데 정상에 오르기 위해서는 A코스를 택하든가, B코스를 택하든가다.
따라서 정상에 오르려면 약 5시간이 소요된다."

2) 단순 파괴적 딜레마의 형식

"A이면 B이다. A이면 C이다.
B가 아니든가, C가 아니든가다.
따라서 A가 아니다."

다음의 예를 보자.

"그 아기가 급성뇌막염에 걸렸다면, 그는 고열에 시달릴 것이다.
그 아기가 급성뇌막염에 걸렸다면, 그는 구토 증세를 보일 것이다.
그런데 그 아기는 고열에 시달리지 않으며, 구토 증세를 보이지도 않는다.
따라서 그 아기는 급성뇌막염에 걸린 것이 아니다."

3) 복잡 구성적 딜레마의 형식

"A이면 B이다. C이면 D이다.
A이든가, C이든가다.

---

6) 강영계, 김혜숙, 논리학의 이해, 철학과 현실사, 1994, p165-166

따라서 B이든가, D이든가다."

다음의 예를 보자.

"남대문 도매시장에 가서 장을 보면, 돈을 절약할 수 있다.
집 앞의 상가에서 장을 보면, 시간을 절약할 수 있다.
남대문 도매시장에 가서 장을 보든가, 집 앞의 상가에서 장을 보든가다.
따라서 돈을 절약하든가, 시간을 절약하든가다."

4) 복잡 파괴적 딜레마의 형식

"A이면 B이다. C이면 D이다.
B가 아니거나, D가 아니거나이다.
따라서 A가 아니거나, C가 아니거나이다."

다음의 예를 보자.

"남대문 도매시장에 가서 장을 보면, 돈을 절약할 수 있다.
집 앞의 상가에서 장을 보면, 시간을 절약할 수 있다.
돈을 절약하지 않든가, 시간을 절약하지 않든가다.
따라서 남대문 도매시장에 가서 장을 보러가지 않든가,
집 앞의 상가에서 장을 보러가지 않든가다."

9.6 정언삼단논법의 원칙과 오류

다음은 삼단논법에 대한 오류의 예이다.

〈암에 대한 일반적인 생각, 삼단논법〉[7]

1994년 공립 캔버라 종합병원에 부임한 나는 새로운 병원에 빨리 익숙해지기 위해 여러 모로

7) 암에 잘 걸리는 사람, 걸리지 않는 사람

노력했다. 하지만 가장 먼저 한 일은 평소에 해온 것처럼 외과의 입원기록을 조사하는 것이었다. 역시 암환자가 많았다. 여러 병명의 외과환자가 입원하고 있었지만, 그 가운데 암환자가 가장 많다는 사실은 거의 알려져 있지 않다.

하지만 대학병원과 암센터는 물론이고 지방병원까지 외과에 입원하고 있는 환자들은 대부분이 암환자이다. 수술이 필요한 병의 치료는 의학의 진보와 함께 발전해 왔지만, 암은 여전히 외과의 가장 큰 과제로 남아 있다. 그리고 이것은 앞으로도 당분간은 계속될 것이다. 아무튼 입원기록을 조사하고 있던 나는 무심코 어떤 환자의 진료기록 카드에 눈이 머물렀다.

'초진한 날에 입원, 며칠 후에 암으로 사망.'이 짧은 기록으로 알 수 있는 건 많지 않다. 하지만 이 기록대로라면 지금까지 많은 암환자를 보아온 나로서도 어처구니없다는 생각이 드는 입원 경력이다. 뭔가 잘못 기록한 것이 아닌가하는 생각이 들 정도였다.

"그 환자는 악성 흉막염(가슴으로 암이 전이된 것) 때문에 입원하기 반년 전부터 좌기호흡(호흡곤란으로 밤에도 눕지 못하는 상태)을 해왔다고 합니다. 병원을 찾아왔을 때에는 이미 효과적인 치료 방법이 없는 상태였지요."

카드를 보면서 놀라는 나에게 그 환자를 담당했던 젊은 의사가 이렇게 설명하였다.

"이 지역에는 종합검진을 통해 암을 조기에 발견하는 경우도 가끔 있지만, 반대로 증상이 나타났는데도 병원을 찾지 않아 이 환자처럼 어찌해볼 도리가 없는 경우도 적지 않습니다."

암을 완치한 환자들의 명단은 외과의에게 용기를 준다. 그러나 암이 상당히 진행된 후에야 병원을 찾는 환자가 적지 않다는 현실은 나뿐만 아니라 모든 의사들을 우울하게 만든다. 의료가 진보함에 따라 국민들의 암에 대한 지식도 풍부해지고 의료복지도 충실해졌다고 생각하였는데, 일본의 현실은 이렇게 뒤떨어져 있다니!

지난해 어느 유명 연기자가 위암수술을 두 번이나 받고서도 사망했다는 보도가 있자, 여러 병원의 외과에서 약간의 소동이 일어났다. 검사에서 아무런 이상을 발견하지 못하여 암이 아니라고 통보하여도, 이를 받아들이지 않고 다른 검사를 희망하는 환자들이 늘어났기 때문이다.

심지어 한 환자는 수술 전에 그 수술에 대해 설명하는데, "좀 더 넓게 암 주변 조직을 넓게 한꺼번에 떼어내도 상관없지 않느냐?"고 전문용어를 써가며 묻기도 했다.

이 일로 해서 부정확한 보도의 영향을 새삼스럽게 느끼게 되었다. 그리고 동시에 암환자가 자신의 치료에 대해 어떤 생각을 갖고 있는지도 알게 되었다.

그러나 이런 적극적인 사람들은 아직 소수이고, 대부분의 사람들은 암을 다음과 같은 삼단논법으로 생각하고 있다.

"암은 죽음의 병이다.
그러나 나는 아직 죽어서는 안 되며, 죽을 리도 없다.
그러므로 나는 아직 암에 걸려서는 안 되고, 암에 걸릴 리도 없다."

그러나 이 삼단논법이 환자들의 암 치료를 늦추고 있다. 왜냐하면 이 삼단논법에는 두 가지 큰 잘못이 있기 때문이다. 하나는 암은 더 이상 죽는 병이 아니라는 점이고, 다른 하나는 암은 아주 흔한 병이며, 누구든 언제라도 암에 걸릴 수 있다는 점이다. 정말 뜻밖이라고 생각될 것이다. 하지만 이것은 사실이다.

정언삼단논법의 원칙과 오류는 다음과 같이 정리할 수 있다.

원칙 1 : 정언삼단논법은 반드시 세 개의 개념을 가져야 하고, 그 개념은 논증 전체에서 동일한 의미로 사용되어야 한다.

만약 어떤 정언삼단논법이 세 개 이상의 개념을 포함한다면, 이 삼단논법은 오류를 범하게 된다. 매개념은 대개념과 소개념을 연결시키는 중요한 역할을 하기 때문에 의미가 명확해야 한다. 그럼에도 불구하고 매개념이 다의적이라면, 전제로부터 결론을 도출할 수 없기 때문에 <애매한 매개념의 오류>를 범하게 된다.

원칙 2 : 정언삼단논법은 세 개의 명제만을 갖는다.

세 개 이상의 명제로 이루어진 논증은 두 개 이상의 정언삼단논법의 복합이다. 두 개의 명제로 이루어진 논증은 한 명제가 생략된 <생략삼단논법>이다. 둘 이상의 삼단논법으로 구성된 삼단논법의 변형은 <연쇄삼단논법>이라고 불린다.

<연쇄삼단논법>은 대개의 경우, 한 삼단논법의 결론을 다른 삼단논법의 전제로 삼는다. 명제들 중 하나가 생략된 삼단논법을 <생략삼단논법>이라고 말한다. <생략삼단논법>에서 생략된 명제는 전제들 중 하나일 수도 있고, 결론일 수도 있다. 다음의 예를 보자.

> "휘발유의 공급이 부족하기 때문에 휘발유의 값이 오른다."

이 삼단논법에서 생략된 전제를 찾아 다시 정리하면 다음과 같다.

> "물건의 공급이 부족하면 그 물건의 값은 오른다.
> 휘발유의 공급이 부족하다.
> 그러므로 휘발유의 값이 오른다."

원칙 3 : 매개념은 적어도 한 번은 주연되어야 한다.

만약 매개념이 한 번도 주연되지 않는다면, <매개념 부주연의 오류>를 범하게 된다.

원칙 4 : 전제에서 부주연인 개념을 결론에서 주연시키면 안 된다.

만약 전제에서 부주연인 개념을 결론에서 주연시킨다면, <부당주연의 오류>를 범하게 된다. 대개념을 부당하게 주연시키면, <대개념 부당주연의 오류>를, 소개념을 부당하게 주연시키면 <소개념 부당주연의 오류>를 범하게 된다.

원칙 5 : 전제가 모두 부정일 때는 결론을 도출할 수 없다.

두 전제가 모두가 부정일 경우, <양 부정(전제)의 오류>를 범하게 된다.

원칙 6 : 전제가 모두 긍정일 때는 결론도 긍정이어야 한다.

만약 전제가 모두 긍정임에도 불구하고 부정인 결론을 도출한다면, <부당부정의 오류>를 범하게 된다.

원칙 7 : 전제 중 하나가 부정이면 결론도 부정이어야 한다.

만약 전제 중 하나가 부정임에도 불구하고 긍정인 결론을 도출한다면, <부당긍정의 오류>를 범하게 된다.

원칙 8 : 전제가 모두 특칭일 때는 결론을 도출할 수 없다.

만약 두 전제가 모두 특칭이라면, <양 특칭(전제)의 오류>를 범하게 된다.

원칙 9 : 전제 중 하나가 특칭이면 결론도 특칭이어야 한다.

만약 전제 중 하나가 특칭임에도 불구하고 전칭인 결론을 도출한다면, <부당전칭의 오류>를 범하게 된다.

원칙 10 : 대전제가 특칭이고 소전제가 부정이면 결론을 도출할 수 없다.

이 원칙은 여타의 원칙들의 귀결이다. 소전제가 부정이므로 결론도 부정이고, 따라서 결론의 술어, 즉 결론의 대개념은 주연된다. 대개념 부주연의 오류를 범하지 않으려면, 대전제의 대개념은 주연되어야 한다. 대전제가 특칭이므로 대개념은 대전제의 술어자리에 있어야 하고 대전제는 부정이어야 한다. 그러면 <양 부정(전제)의 오류>를 범하게 된다.

원칙 11 : 전제가 모두 전칭일 때는 특칭의 결론을 도출할 수 없다.

만약 두 전제가 모두 전칭임에도 불구하고 특칭인 결론을 도출한다면 <존재가정의 오류>를 범하게 된다. 이 원칙은 현대논리학에서 부가된 원칙이다. 전통적인 아리스토텔레스 논리학에서는 이 원칙을 인정하지 않으며, 따라서 전통적인 아리스토텔레스 논리학에서는 <존재가정의 오류>가 없다.

아리스토텔레스는 모든 명제가 전칭이면서 타당한 삼단논법의 결론의 양을 대소대당관계에 의해 특칭으로 바꾼 것을 부식이라는 명칭으로 불렀으며, 부식은 원식의 타당성에 의해 타당한 논증으로 간주했다.

그러나 존재함축에 대한 부울의 해석에 의해 양 축소대당이 인정되지 않게 됨으로써 부식의 타당성은 부정되었다.

〈연습문제〉

1. 다음의 용어들에 대해 정의하시오.

(1) 정언명제

(2) 정언삼단논법

(3) 명제의 표준형식의 기본형

(4) 주연

2. 다음의 명제들을 표준형식의 명제들로 바꾸시오.

(1) 국제 통화기구 관리체계 후에 경영패러다임을 근본적으로 바꾼 기업들이 많다.

(2) 극히 소수의 벤처사업가들만이 성공했다.

(3) 비가 오지 않는 한 그는 카페에 가지 않는다.

3. 다음의 삼단논법이 올바른지를 말하고, 그렇지 않을 때 어떤 오류를 범한 것인지 설명하시오.

(1) 약간의 청년은 논리학자이다.
모든 아저씨는 청년이 아니다.
그러므로 모든 아저씨는 논리학자가 아니다.

(2) 모든 사람은 죽는다.
호랑이는 동물이다.
그러므로 호랑이는 죽는다.

(3) 모든 물고기는 물에서 산다.
어떤 동물은 물고기다.
그러므로 모든 동물은 물에서 산다.

(4) 약간의 생물은 동물이다.
약간의 식물은 생물이다.
그러므로 약간의 식물은 동물이다.

4. 다음은 생략된 삼단논법이다. 생략된 전제를 찾고 두 개의 전제와 결론으로 구분하여 다시 정리하시오.

(1) "사실 그 행성들이 지구로부터 보이는 거리는 계속 달라지므로 지구의 중심이 그것들의 궤도의 중심이 아니라는 것은 분명하다." (코페르니쿠스의 천공의 혁명에 대하여)

(2) "그것은 아름답다. 그 때문에 비싸다."

5. 다음은 삼단논법의 규칙을 위반한 예이다. 어떤 원칙을 위반한 것인지 설명하시오.

(1) 모든 동물은 생물이다.
모든 조류는 동물이다.
그러므로 모든 곤충은 생물이다.

(2) 청년의 의기는 열이다.
열은 물체를 팽창시킨다.
그러므로 청년의 의기는 물체를 팽창시킨다.

(3) 모든 남자는 국방의 의무를 가진다.
모든 여자는 남자가 아니다.
그러므로 모든 여자는 국방의 의무를 가지지 않는다.

(4) 원숭이는 불을 사용하지 않는다.
인간의 조상은 원숭이가 아니다.
따라서 인간의 조상은 불을 사용하지 않는다.

(5) 병은 안정을 필요로 한다.
그의 게으름은 병이다.
그러므로 그의 게으름은 안정을 필요로 한다.

(6) 약간의 한국 청년은 장거리 선수다.
나는 한국 청년이다.
그러므로 나는 장거리 선수다.

6. 가언삼단논법에서 후건 부정의 예를 만들어보시오.

"만일 A이면 B이다.
B가 아니다.
그러므로 A가 아니다."

7. 다음 삼단논법에 해당하는 것을 보기에서 고르시오.

"이 선은 직선이거나 곡선이다.
이 선은 직선이 아니다.
그러므로 이 선은 곡선이다."

보기

(ㄱ) 정언삼단논법	(ㄴ) 가언삼단논법
(ㄷ) 선언삼단논법	(ㄹ) 딜레마

8. 다음을 반가언삼단논법의 전건 긍정의 형식으로 재구성해보시오.

"낙관론자들이 비관론자들보다 성공할 가능성이 더 높기 때문에 우리는 낙관론자가 되어야 한다."

9. 다음은 반가언삼단논법의 예이다. 알맞게 설명한 것을 고르시오.

"우리 은하계에 생명체가 거주하기에 적당한 행성이 수백만 개가 있다면 생명체는 이 지구 이외에도 여러 행성에서 진화되었을 가능성이 있다. 우리 은하계는 생명체가 거주하기에 적당한 행성들이 수백만 개가 있다. 따라서 생명체는 지구 이외에도 다른 행성에서 진화되었을 가능성이 있다."

보기

(ㄱ) 전건 긍정	(ㄴ) 전건 부정	(ㄷ) 후건 긍정
(ㄹ) 후건 부정	(ㄹ) 양쪽 긍정	

10. 다음은 반가언삼단논법 가운데 후건 부정의 형식의 예이다. 논증형식(전제 둘과 결론 하나)으로 재구성해보시오.

"개 한 마리가 마구간에 머무르고 있었고, 누군가가 들어와서 말을 끌고 가는 동안 그 개는 전혀 짖지 않았다. 분명히 그 방문자는 그 개가 잘 알고 있는 사람이다."

11. 다음은 전가언삼단논법의 예이다. 알맞은 형식을 보기에서 고르시오.

"만일 당신이 다른 문화들을 연구하면, 당신은 인간의 관습들이 다양함을 깨닫게 된다. 만일 당신이 인간의 관습들이 다양함을 깨닫게 되면, 당신은 자신의 고유한 관습에 대해 의문을 갖게 된다. 따라서 당신이 다른 문화들을 연구하면, 당신은 자신의 고유한 관습에 대해 의문을 갖게 된다."

보기

(ㄱ) 긍정적 긍정식	(ㄴ) 긍정적 부정식
(ㄷ) 부정적 긍정식	(ㄹ) 부정적 부정식

12. 다음은 선언삼단논법의 예이다. 두 개의 전제에서 결론을 유도해보시오.

"우리는 도덕의 개선을 통해 진보를 기대하든지, 지성의 개선을 통해 진보를 기대한다. 우리는 도덕의 개선을 통해 진보를 기대할 수 없다. 그러므로 …"

13. 다음 논증에 해당되는 것을 보기에서 고르시오.

"예수님께서 그들에게 대답하셨습니다. 나도 한 가지 물어 보겠다. 내게 말하여라. 요한의 세례가 하늘로부터 왔느냐 아니면 사람에게서 왔느냐? 그들이 서로 의논하여 말했습니다. 만일 우리가 하늘로부터 왔다고 말하면 왜 그를 믿지 않았느냐고 할 것이고 그렇다고 사람에게서 왔다고 말하면 모든 백성들이 요한을 선지자로 확신하고 있으므로 우리를 돌로 칠 것이다." (누가복음 20장 3-6절)

보기

(ㄱ) 복합정언명제	(ㄴ) 반가언삼단논법	(ㄷ) 전가언삼단논법
(ㄹ) 선언삼단논법	(ㅁ) 딜레마	

제10장

기호논리학-명제

10.1 논리연산자

먼저 문장과 명제를 구별해야 할 것이다. 문장(sentence)은 언어의 문법에 따른 단어들의 배열인 반면에 명제(proposition)는 그 문장의 진의가 구별될 수 있는 것을 말한다. 즉 주어진 문장이 참인지 거짓인지를 판단할 수 있는 문장을 말한다. 일반적으로 참과 거짓을 말 할 수 있을 때 우리는 진리값(true value)을 가진다고 말한다.

명제인 문장과 그렇지 못한 문장에 대한 예를 들어 보겠다. "우리 아이들은 참 예쁘다."라는 문장은 명제가 될 수 없다. 왜냐하면 이 문장에는 화자의 주관적 관점이 내포되어 있기 때문이다. 그러나 만일 "사람은 모두 죽는다."라고 했을 때, 이 문장은 명제라고 말할 수 있다. 왜냐하면 이 문장은 보편적 진리이며 어떤 사람도 이 문장에 대해서 이의를 제기할 수 없기 때문이다.

논리학을 공부하는 우리에게는 명제 또는 여러 명제들로 구성된 복합명제들에 대해서 관심을 가질 것이며 그런 문장들을 다룰 것이다.

보통 문장은 여러 개의 명제들로 구성되어 있다. 여러 개의 명제들을 논리적으로 연결해주는 역할을 하는 것이 논리연산자(logical operators)이다.

이 연산자에 의해서 새로운 명제가 만들어지며 따라서 진리값도 변하게 된다.

다음의 문장으로 표현된 명제를 생각해보자.

"모든 명제는 진리값을 가진다고 말할 수 없다."

이 문장 안에는 "모든 명제는 진리값을 가진다."라는 명제를 포함하고 있으며 또한 논리연산자인 '~없다'가 원래의 명제와는 다른 논리적 구조를 만들고 있다.

'~없다'라는 부정의 의미를 가지고 있는 연산자 때문에 처음 명제가 참이라면 새로 만들어진 명제는 거짓이 될 것이다. 만약 처음 명제가 거짓이라면 부정 논리연산자에 의해서 만들어진 새로운 명제는 참이 될 것이다.

그런데 모든 논리연산자와 명제가 결합하여 만들어진 복합문이 항상 새로운 명제가 되는 것은 아니다. 즉 복합문에 포함된 논리연산자가 새로운 진리값을 주는 것이 있는 반면에 진리값을 주지 못하는 것도 있다는 것이다.

예를 들어, 다음 문장들을 살펴보겠다.

"예영이는 논리학이 유익한 학문이라고 믿는다."

"지환이는 논리학이 유익한 학문임을 알아야 한다."

이 두 문장은 '논리학이 유익한 학문'이라는 명제와 '~믿는다.'와 '~알아야 한다.'라는 명제를 논리연산자에 의해 만들어진 복합문이다.

두 문장에 공통적으로 표현된 명제의 진리값을 우리가 알고 있다고 하더라도 두 복합문의 참과 거짓을 명확하게 결정할 수 없다.

첫 번째 복합문은 예영이의 개인적인 신념을 말하고 있으며, 두 번째 문장 역시 지환이가 알아야 하는 의무에 대해서 말하고 있기 때문에 그것이 참이거나 거짓임을 판단할 수 없다. 그러므로 새로 구성된 문장들 모두는 명제가 아니고, 이때 사용된 논리연산자는 진리값을 주지 못한다.

그러면 진리값을 줄 수 있는 논리연산자에 대해서 살펴보기로 하겠다.

1) 부정연산자

부정(negation)은 단순명제 "p"의 진리값과 반대되는 진리값을 가지게 하는 논리연산자이다. 기호는 ~ (the tilde)를 사용한다. 명제 "p"의 부정명제는 "~p"로 표시하며 이것을 "p가 아니다."라고 읽는다.

"p"의 진리값이 참이면 "~p"의 진리값은 거짓이 되고, "p"이 거짓명제이면 "~p"은 참인 명제가 된다. 다음은 부정명제 "~p"의 진리표를 정의한 것이다.

p	~p
T	F
F	T

부정명제 "~p"는 "p는 아니다."라고 읽으며 "p"와 반대 개념으로 생각한다. 그러나 부정을 표현하는 말로 '~은 아니다'라는 표현 이외에도 다양한 표현 방법들이 있을 수 있다.

예를 들어,

"사람은 죽는다."

라는 문장에 대한 부정적 표현들을 생각해보자.

"사람이 죽는다는 것은 사실이 아니다."
"사람은 죽지 않는다."

"사람이 죽는다는 것은 거짓이다."
"사람은 불멸한다."

위의 네 문장들은 모두 같은 의미를 가진 명제들이다. "사람은 죽는다."라는 명제를 기호 "p"로 표시하면 위의 네 문장은 모두 기호 "~p"로 표시될 것이다.

그런데 네 번째 문장만 보면 마치 긍정적 표현인 것 같이 보인다. 즉 얼핏 긍정명제로 보이기 때문에 "p"로 기호화 할 수 있지만 원래 주어진 문장의 반대 의미로 사용되었기 때문에 역시 "~p"로 표시된다는 사실에 주의해야 한다.

또한 단락 내에서 문장들을 기호화할 때 주의해야 할 점이 있다. 주어진 단락 내에서 어떤 문장에 특정한 기호를 사용했다면 그 단락 내에서는 항상 그 특정한 기호를 일관성 있게 사용해야 한다는 것이다.

2) 연언연산자

한 개의 명제로 이루어진 문장을 단순명제라 하고, 두 개 이상의 단순명제들로 이루어진 명제를 복합명제라 한다.

복합문이 복합명제가 되기 위해서는 진리값을 결정할 수 있어야 하며 복합명제의 진리값을 결정하기 위해서 복합명제를 구성하고 있는 각각의 명제들에 대한 진리값을 알아야 하며 논리연산자가 복합명제 속에서 어떤 의미를 가지고 있느냐에 따라 진리값이 결정된다.

우리는 두 명제를 연결해주면서 두 사건이 동시적으로 발생하는 것을 의미하는 논리연산자를 생각해보겠다. 이런 의미를 가지고 있는 논리연산자를 연언(conjunction)이라고 하며 '그리고' 또는 '~이고'로 복합명제에서 표현된다.

다음 명제들을 통해서 연언연산자의 의미를 살펴보도록 하겠다.

"3+4=7이고, 수학은 논리적인 학문이다."
"대한민국은 언론의 자유가 있다. 그리고 대한민국은 유럽에 위치해 있다."
"반도체의 원료는 고무이고, 사람은 원숭이가 진화한 것이다."

위의 세 문장은 복합명제들로 각각 두 개의 명제들이 연언으로 연결되어 있다. 첫 번째 복합명제인 경우에 앞의 명제는 참이고 뒤의 명제도 분명히 참이다. 두 번째 경우에는 앞의 명제는 참이고 뒤의 명제는 거짓이다. 마지막 복합명제의 앞과 뒤의 두 명제 모두는 거짓이다.

이들 세 개의 복합명제의 진리값을 결정하기 위하여 그 복합명제를 구성하고 있는 각각의 명제의 진리값을 생각해야 한다.

먼저 명제를 반복해서 표현하는 수고를 아끼기 위하여 일정한 약식 기호들을 사용하겠다. 왜냐하면 약식 기호를 사용하게 되면 복잡한 명제들을 표현하고 있는 긴 문장도 간단하게 표현할 수 있으며 기호논리학에서 논증들 속에 있는 명제들과 연산자들을 기호화하여 서로 간의 관계를 쉽게 파악하고 올바른 논증인지를 판단하는데 많은 도움을 준다.

보통 명제들을 표시하는 기호로서 영어 알파벳 대문자를 사용한다. 따라서

"3+4=7이고, 수학은 논리적인 학문이다."

라는 문장은 다음과 같이 간단한 기호로 표시될 수 있다.

"A이고 B"

여기서 A는 "3+4=7"을 그리고 B는 "수학은 논리적인 학문이다."라는 것을 의미한다. 또한

"대한민국은 언론의 자유가 있다. 그리고 대한민국은 유럽에 위치해 있다."

라는 문장에서는 C를 "대한민국은 언론의 자유가 있다."로, D를 "대한민국은 유럽에 위치해 있다."로 기호화시키면 다음과 같이 기호로 표시될 수 있다.

"C 그리고 D"
"반도체의 원료는 고무이고, 사람은 원숭이가 진화한 것이다."

라는 문장은

"E와 F"

로 표시될 것이다. 단, E는 "반도체의 원료는 고무이다."이며, F는 "사람은 원숭이가 진화한 것이다."이다.

위의 모든 문장들은 "~와 ~"인 연언형식을 가진다. 그러므로 우리는 이런 형식을 영어 알파벳 소문자 p, q, r, …을 이용하여 일반적인 형태로 "p와 q"라고 표시하겠다.

이때 p, q, r, …는 진리값을 가지고 있지 않는 반면에 A, B, C, …으로 표시한 명제들은 각각의 진리값을 가진다.

즉 p와 q자리에 명제 A와 B 등을 대치시킨다면 진리값을 얻게 될 것이다. 다시 말하자면 "p와

q"는 두 명제로 이루어진 연언형식의 일반적 논리구조를 나타낸 것이다.

다시 복합명제의 진리값을 찾는 문제로 다시 생각해보자.

"A"가 참이고 "B"도 참이기 때문에 '~이고'라는 의미를 이해한다면 "A이고 B"라는 문장이 참이 됨을 알 수 있을 것이다. 두 번째의 경우, "C"는 참이고 "D"는 거짓이므로 "C 그리고 D"는 거짓이 됨을 알게 된다. 이와 같은 방법으로 마지막 문장에 대해 참과 거짓을 판단한다면 "E"와 "F"가 거짓이므로 "E와 F"는 거짓인 진리값을 가지게 된다. 이외에도 두 번째 경우 참인 명제와 거짓인 명제의 순서가 바뀐다고 하더라도 동일한 진리값을 갖게 됨을 알 수 있을 것이다.

그러므로 연언명제에 대한 다음과 같은 결론에 도달하게 된다. 즉 연언명제는 연언연산자로부터 만들어지는 복합명제가 그 복합명제를 구성하고 있는 명제들이 모두 참일 때에만 연언명제의 진리값이 참이고 그 복합명제를 구성하는 명제들 중 하나라도 거짓이 있으면 연언명제의 진리값이 거짓이 된다.

따라서 연언명제 "p와 q"는 네 가지 경우의 진리값이 존재한다. 이것을 표로 정리하면 다음과 같다.

p	q	p와 q
참	참	참
참	거짓	거짓
거짓	참	거짓
거짓	거짓	거짓

이때 문장 속에서 연언의 의미를 가지고 있는 '이고', '그리고' 또는 '와' 등은 논리학에서 기호 · (the dot) 또는 ∧로 표시한다. 우리는 연언 기호로 ∧을 사용할 것이다.

그리고 진리값 참과 거짓을 각각 영어 알파벳 대문자 T와 F를 사용하겠다. 그러면 진리표(true table)라고 부르는 위의 표를 아래와 같이 기호로 나타낼 수 있을 것이다.

p	q	$p \wedge q$
T	T	T
T	F	F
F	T	F
F	F	F

진리표는 논리연산자를 사용하여 복합명제에서 "p" 또는 "q"를 대신할 수 있는 명제들의 모든 경우의 진리값을 나타내준다.

우리가 사용하는 일상 언어 가운데 '~이고'와 비슷한 의미로 표현되는 말들이 있다.

예를 들면, '~이지만', '더군다나', '비록 ~에도 불구하고' 등은 언뜻 보기에 연언이 아닌 것처럼 보이지만 문장 속에서 연언의 의미를 가지고 사용된다.

"그 사람은 온순하지만 우유부단하다."
"요즘 코스피 지수가 연일 하락하고 있는데다 환율도 급상승하고 있다."
"우리는 비록 날씨가 나쁨에도 불구하고 여행을 강행할 것이다."

이런 예들은 진리표에서 연언 ∧으로 기호화할 수 있을 것이다. 그러나 때로는 연언연산자의 의미로 바꾸어 생각할 때에 그 의미의 일부분이 손실될 수도 있다.

예를 들어,

"예영이는 체구가 작지만 힘이 세다."

여기에서 이 문장은 "예영이는 체구가 작고 힘이 세다."라는 의미를 전달해주기도 하겠지만, "비록 예영이는 체구가 작음에도 불구하고 힘이 세다."라는 의미를 주고 있다. 보통 체구가 작으면 힘이 약하다는 생각을 하게 되는데 이 문장에서는 "체구가 작음에도 힘이 세다."라는 것이 강조되고 있다.

그러므로 '~이지만' 연언연산자 ∧로 기호화한다면 강조된 부분의 의미를 발견할 수 없게 될 것이다. 따라서 우리가 비슷한 의미를 가지고 있다 하더라도 ∧을 사용했을 때 손실되는 의미가 있을 수 있음을 염두해 두어야 한다.

3) 선언연산자

선언(disjunction)은 '혹은', '또는'이란 의미를 가지는 논리연산자이다. 선언연산자의 기호는 ∨(the wedge)으로 표시한다.

논리학에서 선언적 의미로 두 가지로 구분될 수 있다. 하나는 포함적(inclusive)이고 또 다른 하나는 배타적(exclusive) 의미를 가진다. 일반적으로 포함적 선언을 단지 '선언'이라고 말하고 특별히 배타적인 경우에만 '배타적 선언'이라고 부르며 기호는 ⊕으로 구분하여 표시하겠다.

만일 기호화한 복합명제가 "p∨q"로 표시 될 때, 그것은 다음 세 가지 의미들을 가지게 된다.

"p이고 q이다."
"p이고 q는 아니다."

"p는 아니고 q이다."

포함적 선언은 둘 다 거짓일 때만 진리값이 거짓이고, 둘 중에 적어도 하나가 참이면 진리값이 참이 된다. 즉 "p∨q"는 "p도 아니고 q도 아니다"라는 의미만 포함하지 않는다. 그러므로 "p∨q"에 대한 진리표를 다음과 같이 나타낼 수 있을 것이다.

p	q	p∨q
T	T	T
T	F	T
F	T	T
F	F	F

예를 들면,

"모든 실수 x에 대하여, $(x-1)(x+1)=0$을 만족하는 x는 -1 혹은 1이다."
"정준은 논리학에 흥미를 가지거나 또는 수학에 흥미를 가지고 있다."

위의 두 문장에서 '혹은', '또는'이라는 말은 포함적 선언으로 사용되고 있다. 그래서 첫 번째 문장의 경우, $(x-1)(x+1)=0$을 만족하는 실수 x값은 $(x-1)=0$과 $(x+1)=0$ 둘 중에 적어도 하나만 만족하면 되기 때문에 방정식의 해는 (1) $x=1$이고 $x=-1$, (2) $x=1$이고 $x\neq-1$, (3) $x\neq1$이고 $x=-1$를 모두 만족한다.

두 번째 문장에서도 "정준이는 논리학과 수학 모두에 흥미를 가지고 있다."라든지 아니면 "둘 중의 한 과목에 흥미를 가지고 있다."는 것을 의미한다. 어느 누구도 "정준은 논리학과 수학 모두에 흥미를 가지고 있지 않다."고 생각하지 않을 것이다.

그러나 만일 식당에서 어떤 손님에게 종업원이 다음과 같이 말했다고 하자:

"식사 후 디저트로 커피나 혹은 아이스크림이 나옵니다."

그 종업원은 손님에게 "디저트로 커피나 혹은 아이스크림 가운데 한 가지를 선택하여 먹을 수 있음"을 말하고 있는 것이지 "디저트로 커피와 아이스크림 둘 다 먹을 수 있음"을 말하고 있는 것은 아니다.

또한 "식사 후에 두 가지 모두를 먹을 수 없다."고 종업원이 말하고 있는 것도 분명히 아니다. 이 경우에 사용된 '혹은'이라는 말은 전체적인 의미로 볼 때 배타적 선언으로 사용된 것이다.

이와 같이 배타적 선언명제는 첫 번째 명제와 두 번째 명제 가운데 단지 하나만 참일 수 있다는 것이며, 둘 다 참이거나 둘 다 거짓일 수 없는 문장에서 사용된다.

또 다른 예를 통해서 배타적 선언 복합명제에 대한 이해를 해보도록 하겠다.

"회사에 근무하는 경옥이는 여름휴가 일정을 7월이나 혹은 8월로 잡을 것이다."

일반적으로 회사에 근무하는 사람이라면 여름휴가를 일 년에 한 번 간다. 따라서 경옥이는 회사에 근무하므로 그녀가 여름휴가를 7월로 잡는다면 8월에는 근무해야 되고, 만일 8월에 여름휴가 일정을 잡게 된다면 결국 7월에는 열심히 회사에서 근무해야 될 것이다.

배타적 선언명제 "p⊕q"에 대한 진리표를 구하면 다음과 같을 것이다.

p	q	p⊕q
T	T	F
T	F	T
F	T	T
F	F	F

그러므로 어떤 문장이 포함적 선언으로 사용되었는지 아니면 배타적 선언으로 사용되었는지를 알려면 전체적인 문장의 흐름을 잘 이해해야 한다.

논리학에서 '혹은'이 배타적으로 사용되었다는 명확한 증거가 없는 경우에는 포함적인 의미로 사용된다.

4) 함언연산자

함언(implication)은 논리연산자이며 기호는 말굽 ⊃ 또는 →로 표시한다. 함언 복합명제 "p→q"의 진리값은 p에 대치되는 명제가 참이고 q에 대치되는 명제는 거짓일 때에만 거짓이 되고, 나머지 모든 조합의 경우에는 "p→q"의 진리값이 참이 된다.

이것을 진리표로 나타내면 다음과 같다.

p	q	p →q
T	T	T
T	F	F
F	T	T
F	F	T

기호화 된 함언 복합명제 "p→q"를 일반적으로 "만약 p이면, q이다."로 읽는다. 그러기에 함언을 조건언(conditional)이라 부르기도 한다. 여기서 앞의 명제 "p"를 전건(antecedent)이라 말하고, 뒤의 명제 "q"를 후건(consequent)이라고 말한다.

논리학에서 함언 또는 조건언으로 표시되는 기호 →을 "만약 ~이면, ~이다."라고 문장을 읽는 것이 보통이지만, "만약 ~이면, ~이다."라는 문장이 가지고 있는 의미는 함언뿐만 아니라 더 많은 의미를 포함하고 있다.

즉 "만약 p이면, q이다"라는 복합명제를 생각했을 때, 명제 "p"는 명제 "q"의 원인이 된다. 다시 말하자면 인과관계를 가지고 있는 문장인 것이다.

반면에 기호 →에 대한 진리표를 따른다면 p가 q의 원인인지 아닌지에 상관없이 "p"가 참이고 "q"가 거짓인 경우만을 제외한다면 모두 참이라고 말할 수 있는 것이다.

예를 들어 설명해보도록 하겠다.

"(해가 동쪽에서 떠서 서쪽으로 진다) → (임의의 실수 x에 대하여, $x^2 \geq 0$)"

이 문장은 함언연산자 →에 대한 진리표에 따라 전건명제가 참이고 후건명제도 참이므로 참이라고 말할 수 있다.

일상적인 조건문에서는 전건과 후건 사이에 어떤 관계가 있음을 나타내주고 있지만, 기호 →을 포함하는 문장에서는 일상적 용법으로 표현되는 의미를 전혀 주지 않는다 하더라도 아무 문제가 되지 않는다.

위의 내용을 정리해서 말하자면 "만약 ~이면, ~이다"라는 표현이 일상적인 상황 가운데 사용되고 있을 때 대부분 →보다 더 많은 의미를 주고 있다.

함언 연산자 →의 진리값을 결정하기 위해서 전건과 후건 사이의 관계와 무관하게 단지 두 명제 사이의 진리값을 알기만 하면 된다.

다음 예를 통해서 함언 문장이 일상에서 사용되는 조건 문장과 어떻게 달리 표현되는지를 살펴보겠다.

"만일 사람이 태어나 죽지 않는다고 한다면, 그때는 $1+2 \neq 3$이다."

이 문장에서는 전건명제가 거짓임을 주장하려 하고 있다. 더군다나 전건명제가 거짓임을 강조하기 위해서 수학적으로 분명히 거짓인 명제를 제시하고 있다.

위의 예에서 "사람이 태어나 죽지 않는다."를 A로 기호화하고, "$1+2 \neq 3$"을 기호 B로 표시하여 기호화 한다면 "A→B"가 될 것이다.

그러나 함언 복합명제의 진리표에 의하면 전건이 거짓이고 후건도 거짓이므로 이 문장의 진리값이 참이 되는 이상한 상황에 빠지게 된다. 여기서 이 문장을 통해 "사람은 반드시 죽는다."는 것을 주장하고 있는 것이다.

5) 동치연산자

동치(equivalence)는 논리연산자로, 복합명제가 주어졌을 때 두 명제의 진리값이 같은 경우에만 참이 되게 한다. 기호로는 ≡(the triple bar)을 사용한다.

다시 말해서 동치연산자로 연결된 복합명제 "p≡q"의 진리값이 참이 되는 경우는 두 가지로 (1) "p"와 "q" 모두 참일 때이고 (2) "p"와 "q"가 모두 거짓일 때이다.

이상에서 언급한 내용을 종합해서 ≡에 대한 진리표를 만들어 보면 다음과 같다.

p	q	p≡q
T	T	T
T	F	F
F	T	F
F	F	T

동치 복합명제 "p≡q"은 일상적인 언어인 "만약 p이면 그리고 단지 그때에만 q이다."로 읽혀진다. 예를 들어, 명제 "p"를 "고래는 포유류이다."로 그리고 명제 "q"를 "예영이는 여자이다."로 대치했을 때, 두 명제가 동치(p≡q)이기 위해서는 뒤의 명제 "예영이는 여자이다."의 진리값이 반드시 참이 되어야 한다.

왜냐하면 앞의 명제 "고래는 포유류이다."의 진리값이 참이기 때문이다.

여기서 동치 복합명제 "p≡q"은 다음과 같이 읽혀질 것이다.

"만일 고래가 포유류이면 그리고 단지 그때에만 예영이는 여자이다."

그런데 일상적 통념을 가지고 있는 우리는 동치 기호 ≡와 동일 기호 = 사이를 쉽게 혼동한다. 사실 위의 복합명제에서 앞의 명제 "고래는 포유류이다."와 뒤의 명제 "예영이는 여자이다." 사이에는 아무런 상관이 없는데도 불구하고 두 명제가 동치관계가 있다고 말하는 것에 대해 약간의 의문을 제기할 수도 있을 것이다.

두 명제 사이에 동치관계가 있다는 것은 두 명제 사이에 동일한 진리값을 가지고 있다는 것을 단지 의미하는 반면에 두 명제가 동일하다는 것은 두 명제의 진리값이 동일함을 의미할 뿐만 아니라 다른 모든 점에서도 동일함을 포함하고 있는 것이다.

10.2 여러 논리연산자를 포함한 명제

1) 주연산자

여러 개의 논리연산자가 포함된 복합명제에서 연산자가 적용되는 순서를 정확히 정해주지 않을 때 그 의미가 모호해질 수 있다.

그래서 연산자들끼리의 우선순위를 분명히 해주기 위해서 기호로 표현한 복합명제에 괄호를 사용한다거나 혹은 구두점(,)을 사용한다. 기호로 표시되지 않은 문장에서는 보통 괄호를 사용하지 않고 구두점을 사용하여 그 의미를 나타낸다.

만약 여러 연산자가 포함된 문장 속에서 구두점과 같은 구분이 사용되지 않았다면 앞 뒤 문맥을 살펴보면서 조심스럽게 그 문장이 의미하는 바를 이해해야 할 것이다.

예를 들면,

"예영이는 집에 있고 지환이는 밖에 있다는 것은 사실이 아니다."

이 문장에서 "예영이는 집에 있다."를 첫 번째 명제의 주어의 영문 첫 자음을 따서 "Y"로 기호화한다면, "지환이는 밖에 있다."는 "J"로 기호화 될 것이다.

그래서 원래 문장을 기호로 표시하면 두 가지 "$Y \wedge \sim J$"이거나 "$\sim(Y \wedge J)$"로 이해할 수 있다. 이것을 구두점을 사용하여 다음과 같이 다시 쓸 수 있을 것이다.

"예영이는 집에 있고, 지환이는 밖에 있다는 것은 사실이 아니다."
"예영이는 집에 있고 지환이는 밖에 있다는 것은, 사실이 아니다."

첫 번째 문장의 경우 앞 명제는 긍정문이 되고 뒤의 명제는 부정문이 된다. 반면에 두 번째 문장에서는 앞과 뒤의 명제 모두를 부정하고 있다.

주연산자(main operator)란 복합명제의 진리값을 계산할 때 최종적인 계산에 반영되는 연산자를 말한다.

그러므로 첫 번째 복합명제 "예영이는 집에 있고, 지환이는 밖에 있다는 것은 사실이 아니다."는 긍정명제와 부정명제 사이의 연언 복합명제이므로 주연산자는 연언이다. 또한 두 번째 복합명제 "예영이는 집에 있고 지환이는 밖에 있다는 것은, 사실이 아니다."는 두 명제가 연언으로 연결된 복합명제의 부정이므로 주연산자는 부정이다.

다음 명제들을 이용해서 연언과 선언연산자가 함께 포함된 복합명제들을 만들어보자.

"나라를 위해 군 입대하다." : "N"
"자유를 위하여 목숨 바치다." : "F"
"신념에 따라 대체복무를 한다." : "B"

"나라를 위하여 군 입대하고 자유를 위하여 목숨 바치고,
혹은 신념에 따라 대체 복무한다."

라는 문장을 기호로 "N ∧ F ∨ B"이다. 그러나 이때도 문장의 뜻은 분명하지 않는다. 그래서 분명한 의사를 전달하기 위하여 연산자의 우선순위를 괄호로 표시하면 좋을 것이다.

만일 이 문장이 "(N ∧ F) ∨ B"으로 표시된다면, 다음과 같은 위치에 구두점을 놓을 수 있다.

"나라를 위해 군 입대하고 자유를 위하여 목숨 바치고,
혹은 신념에 따라 대체복무를 한다."

이 경우는 나라에 부름 받아 군에 입대해서 자유를 위하여 충성된 모습을 보이든지 아니면 신념에 따라 군 입대를 거부하고 대신에 대체복무를 신청하겠다는 말로 해석된다.

그러나 만일 위의 문장이 "N ∧ (F ∨ B)"으로 표시된다면,

"나라를 위해 군 입대하고, 자유를 위하여 목숨 바치고
혹은 신념에 따라 대체복무를 한다."

로 구두점이 첫 명제 다음에 놓이게 된다.

"나라를 위해 군에 입대하는 동시에 자유를 위하여 목숨을 바치거나"
혹은 "신념에 따라 군 훈련이 아닌 대체복무를 하겠다."는 말이 된다.

다시 말하면 이 문장은 "군에 입대해서 자유를 위하여 목숨을 바치든지" 아니면 "군에 입대는 하지만 종교적 신념 때문에 군 훈련 대신에 대체복무를 신청하겠다."는 말이다.

그러므로 "(N ∧ F) ∨ B"의 주연산자는 선언 ∨ 이 되며, 반면에 "N ∧ (F ∨ B)"의 주연산자는 연언 ∧ 이 된다.

2) 진리표

이 절에서는 두 개 이상의 연산자가 포함된 복합명제의 진리표(true table)를 작성하는 방법에 대해 설명하겠다. 독자들이 쉽게 이해할 수 있도록 진리값이 계산되는 순서에 따라 진리표를 완성해보겠다.

만일 복합명제가 두 개의 명제로 구성되어 있다면, 두 명제가 취할 수 있는 참(T)과 거짓(F)의 경우의 수는 4가지가 될 것이다. 즉 T가 두 번($_2C_2$), T가 한 번($_2C_1$), 그리고 T가 한 번도 안 나타나는 경우($_2C_0$)의 수를 합하면, $_2C_2+_2C_1+_2C_0=1+2+1=2^2$이 된다.

일반적으로 복합명제가 n개의 명제들을 포함하고 있을 때, 진리표에서 T와 F로 이루어진 열이 2^n개 존재할 것이다.

지금부터 우리는 기호명제 "~((~p ∧ q)→r)"에 대한 진리표를 작성하는 방법에 대해 살펴보겠다.

먼저 제일 안쪽에 있는 명제의 진리값을 표시한다. 따라서 "~p"에 대한 진리값을 아래 표에 기록한 방법과 같이 "~p"의 ~ 아래쪽 열에 표시한다.

p	q	r	~((~p ∧ q)→r)
T	T	T	**F**
T	T	F	**F**
T	F	T	**F**
F	T	T	**T**
T	F	F	**F**
F	T	F	**T**
F	F	T	**T**
F	F	F	**T**

다음은 "~p ∧ q"의 진리값을 다음 표에 기록한 방법과 같이 주연산자 ∧ 아래쪽 열에 표시한다. 계산하는 방법은 "~p"의 진리값과 "q"의 진리값의 연언으로 얻어진다.

p	q	r	~((~p ∧ q)→r)
T	T	T	F **F**
T	T	F	F **F**
T	F	T	F **F**
F	T	T	T **T**
T	F	F	F **F**
F	T	F	T **T**
F	F	T	T **F**
F	F	F	T **F**

다음은 "(~p ∧ q)→r"의 진리값을 아래 표에 기록한 방법과 같이 → 아래쪽 열에 표시한다. 계산하는 방법은 "~p ∧ q"의 진리값과 "r"의 진리값의 함언으로 얻어진다.

p	q	r	~((~p ∧ q)→r)
T	T	T	F F **T**
T	T	F	F F **T**
T	F	T	F F **T**
F	T	T	T T **T**
T	F	F	F F **T**
F	T	F	T T **F**
F	F	T	T F **T**
F	F	F	T F **T**

마지막으로 "~((~p ∧ q)→r)"의 진리값을 아래 표에 기록한 방법과 같이 맨 앞 ~ 아래쪽 열에 표시한다.

p	q	r	~((~p ∧ q)→r)
T	T	T	**F** F F T
T	T	F	**F** F F T
T	F	T	**F** F F T
F	T	T	**F** T T T
T	F	F	**F** F F T
F	T	F	**T** T T F
F	F	T	**F** T F T
F	F	F	**F** T F T

그래서 기호명제 "~((~p ∧q)→r)"의 주연산자가 맨 앞의 부정연산자 ~ 이므로 그 아래쪽 열에 표시된 진리값이 기호명제 "~((~p ∧ q)→r)"의 진리값이 된다.

3) 동치관계

우리는 앞 절에서 두 개 이상의 연산자를 가지고 있는 기호명제의 진리표를 얻는 방법을 살펴보았다. 그래서 서로 다른 논리적 구조를 가지고 있는 명제들 사이의 관계를 규명하기 위해서 그들의 진리표를 대조하는 방식을 사용할 수 있을 것이다.

만약 두 개의 기호명제가 동일한 진리값을 가진다면 우리는 두 명제가 동치라고 말할 수 있을 것이다.

여기서 우리는 중요한 몇 가지 동치관계인 명제들에 대해 살펴보도록 하겠다.

(1) p ≡ ~(~p)

어떤 명제와 그 명제를 두 번 부정한 명제 사이에는 동치관계가 있다. 두 명제 사이의 진리표를 비교해보겠다.

p	~(~p)
T	**T** F
F	**F** T

"p"의 진리값과 "~(~p)"의 진리값을 비교해보면, 굵은 알파벳으로 표시된 두 부분의 진리값이 같기 때문에 두 명제는 동치라고 말할 수 있다. 즉 p ≡ ~(~p)이다.

(2) ~(p ∧ q) ≡ ~p ∨ ~q

두 명제의 연언의 부정명제는 각 명제의 부정의 선언명제가 된다는 것이다. 연언연산자는 부정연산자에 의해서 선언으로 바뀌게 된다. 두 복합명제 사이의 진리표를 비교해 보겠다.

p	q	~(p ∧ q)	~p ∨ ~q
T	T	**F** T	F **F** F
T	F	**T** F	F **T** T
F	T	**T** F	T **T** F
F	F	**T** F	T **T** T

두 복합명제의 주연산자 아래쪽 열에 놓인 진리값(굵은 알파벳)이 정확히 일치하므로 두 복합명제는 동치이다. 즉 $\sim(p \wedge q) \equiv \sim p \vee \sim q$이다.

(3) $\sim(p \vee q) \equiv \sim p \wedge \sim q$

두 명제의 선언의 부정명제는 각 명제의 부정의 연언명제가 된다는 것이다. 선언연산자는 부정연산자에 의해서 연언으로 바뀌게 된다. 두 복합명제 사이의 진리표를 비교해보겠다.

p	q	$\sim(p \vee q)$	$\sim p \wedge \sim q$
T	T	**F** T	F **F** F
T	F	**F** T	F **F** T
F	T	**F** T	T **F** F
F	F	**T** F	T **T** T

두 복합명제의 주연산자 아래에 놓인 진리값이 정확히 일치하므로 두 복합명제는 동치이다. 즉 $\sim(p \vee q) \equiv \sim p \wedge \sim q$이다. 우리는 (2), (3)의 식을 드모르간의 법칙(De Morgan's rules)이라고 말한다.

(4) $(p \rightarrow q) \equiv \sim p \vee q$

함언 복합명제는 부정과 선언명제 또는 부정과 연언명제에 의해서 표현될 수 있다. 드모르간의 법칙에 의해서 $\sim(p \wedge q) \equiv \sim p \vee q$를 얻는다.

다음 진리표를 이용하여 $p \rightarrow q$와 $\sim p \vee q$이 동치가 됨을 살펴보겠다.

p	q	$p \rightarrow q$	$\sim p \vee q$
T	T	**T**	F **T**
T	F	**F**	F **F**
F	T	**T**	T **T**
F	F	**T**	T **T**

$p \rightarrow q$의 주연산자 함언 아래쪽 열에 놓인 진리값과 $\sim p \vee q$의 주연산자 선언 아래쪽 열에 놓인 진리값이 일치하므로 두 복합명제는 동치이다.

(5) $(p \equiv q) \equiv ((p \rightarrow q) \wedge (q \rightarrow p))$

"$p \equiv q$"는 두 개의 조건명제 "$p \rightarrow q$"와 "$q \rightarrow p$"의 연언으로 구성되었기 때문에 쌍조건언

(biconditional)이라고도 말한다.

따라서 두 명제 "p"와 "q"가 동치인 것과 "만일 p이면 q이고 동시에 만일 q이면 p이다."라고 말하는 것은 같은 것이다.

다음 진리표를 이용하여 두 문장이 동치임을 살펴보겠다.

p	q	p≡q	(p→q)∧(q→p)
T	T	**T**	T **T** T
T	F	**F**	F **F** T
F	T	**F**	T **F** F
F	F	**T**	T **T** T

p≡q의 주연산자 ≡ 아래쪽 열의 진리값들과 (p→q)∧(q→p)의 주연산자 ∧ 아래쪽 열의 진리값들이 모두 일치하므로 두 문장은 동치가 된다.

4) 동어반복명제

어떤 명제가 항상 참인 진리값만을 가지는 경우 우리는 이 명제들을 동어반복명제(tautology)라고 말한다. 따라서 그것의 진리표를 구하면 주연산자 아래쪽 열에 놓인 진리값들이 모두 T만을 가진다.

(1) p∨~q

명제 "p이거나 혹은 ~p이다."는 항상 참인 명제이다. 모든 사물들은 그것 자체이거나 아니면 그것이 아닌 것이다. 즉 둘 중의 하나이기 때문에 이 명제는 참인 명제이다.

예를 들면,

"예영이는 학생이거나 혹은 학생이 아니다."

이 문장은 예영이가 어느 집단에 소속해 있는지에 대해 말하고 있다. 그런데 예영이가 학생이면서 학생이 아닐 수 없기 때문에 항상 참인 명제가 된다.

다음 진리표에 의해서 p∨~q의 진리값이 항상 참임을 논리적으로 확인할 수 있을 것이다.

p∨~p
T **T** F
F **T** T

이런 형식은 배중률(law of excluded middle)이라고 알려진 동어반복명제이다.

배중률이란 사유과정에서 동일한 대상은 동일한 시간과 동일한 관계 하에서 어떤 성격을 띠고 있거나 띠고 있지 않는 경우가 있을 뿐 결코 제3의 성격을 띨 수 없다고 확정하는 사고법칙이다.

다음 배중률에 관한 재미있는 이야기를 소개하겠다.

현명한 대신[1)]

옛날에 한 임금이 있었는데 그의 신하 중에는 권세욕에 가득 찬 간악한 대신과 매사에 공정하고 현명한 대신이 있었다. 그런데 그 현명한 대신을 눈에 가시처럼 미워하던 간악한 대신은 현명한 대신이 임금을 해치려 한다고 임금에게 거짓으로 일러 바쳤다. 포악한 임금은 그의 말을 곧이듣고 즉시 무슨 방법을 강구하여 그를 처단하라고 엄명했다.

"방법이야 있사옵니다. 단지 속에 '생'자와 '사'자를 각기 써 놓은 쪽지 두 개를 넣고 내일 아침에 폐하 앞에서 제비를 뽑게 한 다음 '생'자를 뽑으면 살려주고 '사'자를 뽑으면 죽이기로 하심이 어떠하온지요?"

그러자 임금은 무릎을 치며 말했다.

"거참 묘한 방법이군. 그런데 꼭 '사'자를 뽑게 해야 하지 않느냐?"

간악한 대신은 얼굴에 간사한 웃음을 띠고 임금을 안심시키려 했다.

"염려 마십시오, 폐하!"

"음, 그러면 경을 믿고 있겠노라!"

간악한 대신은 임금이 수락하자 하인을 시켜 쪽지 두 개에 모두 '사'자를 써서 단지 속에 넣게 했다. 간악한 대신의 흉계를 알아차린 하인은 이 일을 즉시 현명한 대신에게 알려 주었다. 밤새 뜬 눈으로 지새다가 끝내 묘한 수를 생각해 낸 현명한 대신은 아침에 임금이 호출하자 궁궐 안에 들어섰다. 거기에는 벌써 간악한 대신은 물론 모든 대소실료들이 임금을 모시고 양쪽 옆에 줄지어 서 있었다. 이윽고 임금이 호령했다.

"듣자하니 그대가 나를 모해할 역모를 꾸미고 있다지. 그러하니 저 단지 속에 제비를 뽑되 '생'자를 뽑으면 한 번만 용서해주고 '사'자를 뽑으면 즉시 극형에 처하겠노라!"

그러자 현명한 대신은 주위를 살펴 본 다음 단지 속에 손을 넣어 쪽지 한 개를 뽑은 다음 펴보지도 않고 곧 바로 입에 넣어 삼켜 버렸다. 눈이 휘둥그레진 임금은

"왜 쪽지를 펴 보지 않고 삼켜 버렸느냐?"

하고 노발대발했다. 그러자 현명한 대신은 태연스럽게 대답했다.

"단지 속에 남은 쪽지를 뽑아 보시면 소인이 삼킨 것이 '생'자인지 '사'자인지 알 수 있을 것입니다."

"으흠, 그야 그렇군!"

---

1) 김득순, [이야기 속의 논리학], 새날 2002

임금은 단지를 가져오도록 하여 남은 쪽지를 꺼내서 펴 보았다. 임금의 얼굴은 순식간에 파랗게 질렸다. 뽑아 낸 쪽지가 '사'자이니 삼켜 버린 쪽지는 틀림없이 '생'자일 것이기 때문이었다.

(2) ~(p ∧ ~p)

"p이고 동시에 ~p는 아니다."라는 명제는 항상 참이 된다. 모든 사물들은 p이거나 아니면 ~p이지, "p이면서 동시에 ~p이다."라는 명제는 존재하지 않는다.

그런 관계를 모순적 관계라고 말한다. "p"라는 명제에 어떤 명제를 대신하여도 "(p ∧ ~p)"은 항상 거짓이 되므로 "~(p ∧ ~p)"은 항상 참이 된다.

진리표는 다음과 같다.

~ (p ∧ ~p)
T T F F
T F F T

5) 모순명제

어떤 명제의 진리값이 항상 거짓인 경우 우리는 이 명제를 모순명제(contradiction)라고 말한다. 모순명제는 그것의 진리표에서 주연산자 아래쪽 열에 놓인 진리값들이 모두 F만을 가진다.

(1) p ∧ ~p

"p이면서 동시에 ~p이다."라는 명제는 항상 거짓이다.

예를 들면,

"그 사람은 남자이면서 동시에 남자가 아니다."

라는 문장은 일반적으로 존재하지 않는 상황이므로 거짓이다.

명제 "p"에 어떤 다른 명제를 대신한다고 하더라도 그 명제는 거짓이 된다.

진리표는 다음과 같다.

p ∧ ~p
T **F** F
F **F** T

"p"와 "~p"가 공존하는 명제는 모순율에 위반하는 것으로 어떠한 사고나 판단에서든지 서로 모

순되는 두 가지 판단을 동시에 판단하는 것을 허락하지 않는다.

만일 모순율의 이 요구를 무시하고 동일한 대상에 대하여 동일한 시간과 관계 하에서 모순되는 두 가지 판단을 내린다면 이 두 가지 판단은 동시에 참일 수 없고 그중 하나는 반드시 거짓이 된다.

다음은 모순율에 위반되는 재미있는 이야기를 소개하겠다.

노총각의 실수[2)]

옛날 어느 고을에 사람 됨됨이가 고약한 마흔이 넘은 노총각이 있었다. 그래서 그에게 시집오려는 색시가 없어서 외롭게 지내고 있었다. 외모가 어떻든지 시집오겠다는 여자만 있으면 장가들려고 하였지만 누구 하나 응하는 사람이 없었다.

하지만 오만한 그는 언제나 만나는 사람에게 "여자의 말은 들을 바가 못 됩니다!" 하고 빈정거리며 다녔다. 못된 이 외톨이를 한 번 혼내 주려고 작심한 마을의 한 젊은이는 어느 날 그를 찾아가서 물었다.

"저 한 가지 물어 볼 것이 있어 왔는데 …여자의 말을 들어야 합니까? 듣지 말아야 합니까?"

노총각은 어처구니없는 물음이라는 듯이 정색하면서 대답하는 것이었다.

"아 ~ 여보시오 여자란 원래 사람 축에도 못 드는 존재라고요! 그런 여자의 말은 절대 들을 바가 못 됩니다!"

"잘 알겠습니다. 헌데 물어 보려고 했던 것은 다름 아니라 앞마을의 과부 한 사람이 당신한테 청혼해 달라고 부탁을 해 와서 …"

젊은이는 이 말을 남기고 문 밖으로 향했다. 노총각은 순식간에 얼굴이 화끈 달아올랐다. 마흔이 넘도록 청혼을 받아 본 것이 처음이었다. 그는 맨발로 문 밖으로 달려가 젊은이를 막아 세우며 이렇게 말했다.

"이 젊은 양반…, 어 ~ 여자의 말도 때로는 들어야 하지요!"

(2) $p \equiv \sim p$

p와 ~p의 진리값은 항상 반대이므로 두 명제가 동치라는 복합명제는 항상 거짓이 된다. 그러므로 이 명제는 모순명제가 된다. 다음은 "$p \equiv \sim p$"의 진리표를 나타낸 것이다.

p	$p \equiv \sim p$
T	**F** F
F	**F** T

2) 김득순, [이야기 속의 논리학], 새날 2002

〈연습문제〉

1. 다음 각 문장에 대해여 복합명제를 표현하고 있는지와 복합명제로 되어 있다면 그것이 진리값을 가지고 있는 명제인지를 확인해보시오.

(1) 고래는 포유류이며 상어는 어류이다.
(2) 원수를 사랑하고 모욕하는 자를 위해 축복하라.
(3) 태양이 지구를 돌고 있다는 것은 사실이 아니다.
(4) 노씨는 개현주의자이고 이씨는 보수주의자이다.
(5) 현아씨는 전화를 걸어 형숙씨에게 응급환자의 상태를 알려 주었다.

2. 다음 명제들을 논리연산자를 이용하여 기호화 하여라. 그리고 이때 의미의 손실이 있었다면, 그것이 어떤 것인지를 말해보시오.

(1) 오늘은 비가 와서 비행기가 연착되었다.
(2) 개나리는 노랗고 백합은 하얗다.
(3) 지구가 평평하자는 것은 사실과 다르다.
(4) 어떤 기하학적 도형의 모든 각이 동일한 각을 가지고 있다면 그리고 오로지 그때에만 그 도형은 등각도형이다.
(5) 만일 당신이 평소에 열심히 운동을 해 왔었다면, 이번 올림픽 예선을 무난히 통과할 것이다.

3. 다음 각 문장을 기호로 표시하고 주연산자가 무엇인지 말해보시오.

(1) 보람이는 대전에 가고 영은이는 전주에 가거나 혹은 연아는 부산에 갈 것이다.
(2) 만약 민철이가 이번 시합에서 승리한다면, 민철이는 용기를 얻게 될 것이다.
(4) 만일 구잘씨가 TV 방송에 출연하지 않는다면, 미녀들의 수다는 재미가 없을 것이다.
(5) 아나이스는 프랑스인이고, 도미니크는 캐나다인이거나 캐서린은 뉴질랜드인이다.
(6) 허이령은 대만인이거나 따루는 핀란드인이고, 다라는 남아공인이라는 것은 사실이 아니다.

4. 다음 각 명제도식의 진리표를 작성하시오.

(1) $p \rightarrow \sim q$

(2) $(\sim p \lor q) \land r$

(3) $p \land (\sim q \rightarrow \sim r)$

(4) $(p \land q) \equiv p$

(5) $((p \rightarrow q) \land \sim p) \rightarrow \sim q$

(6) $((p \land q) \rightarrow r) \equiv (p \rightarrow (q \rightarrow r))$

5. 다음 도식으로 표시된 명제들은 동어반복명제인지 혹은 모순명제인지 아니면 둘 다 해당되지 않은 명제인지를 말해보시오.

(1) $p \rightarrow \sim p$

(2) $p \rightarrow (p \lor q)$

(3) $p \rightarrow q$

(4) $((p \rightarrow q) \land p) \land \sim q$

(5) $(p \rightarrow q) \equiv (p \land \sim q)$

(6) $(p \lor \sim p) \rightarrow (p \land \sim q)$

제11장

기호논리학-논증

만약 우리가 그 복합진술을 구성하고 있는 진술들 각각의 진리값과 논리연산자들의 의미를 알고 있다면 그 복합진술의 참 혹은 거짓이 결정될 수 있다.

하나하나의 진리 함수적 명제는 논증이 아니다.

일반적으로 논증이란 '어느 하나의 진술이 다른 진술들에 의하여 함의되거나 근거되어지는 진술들의 집합'을 의미한다.

이번 장에서는 주로 진술들의 집합 중의 어떤 것들이 사실상 연역적으로 타당한 논증들 — 즉 전제들이 결론을 함의하고 있거나 결론을 위한 절대적인 근거를 제공하고 있는 논증들 — 을 포함하고 있는지를 결정하기 위한 방법들을 배우는 것에 관심을 가지고자 한다.

논증으로서 주장되고 있는 다음과 같은 문장들의 집합들을 살펴보기로 하자.

사실상 연역적으로 타당한 논증을 표현하고 있는 것이 어느 것인지 생각해보자.

(논증 1) 김효정 선생님이 의사이거나 혹은 이예지 선생님이 의사이다.
이예지 선생님은 의사가 아니다.
그러므로 김효정 선생님에게 진료를 받아보아라.

(논증 2) 차태현이 영화배우라면 차태현은 많은 인기를 얻게 될 것이다.
차태현은 영화배우가 아니다.
그러므로 차태현은 많은 인기를 얻지 못할 것이다.

(논증 3) 정준이 기말시험에서 1등을 한다면, 경옥은 정준에게 밥을 살 것이다.
현서가 정준에게 기말 예상문제를 알려준다면, 정준은 기말시험에서 1등을 할 것이다.
그러므로 현서가 정준에게 기말고사 예상문제를 알려준다면 경옥은 정준에게 밥을 살 것이다.

(논증 4) 김수연은 박경자의 딸이고, 최충만은 강철의 아들이다.
그러므로 김수연은 박경자를, 최충만은 강철을 닮았을 것이다.

이들 문장들의 첫 번째 것은 결론이 진술이 아니라 명령이기 때문에 논증을 포함한다고 볼 수 없다.

나머지 세 개의 집합들에 있어서는 각각의 문장들이 정상적으로 진술을 표현하고 있지만 각 문장을 주의 깊게 살펴보면 이 집합들 중의 어느 것이 연역적으로 타당한 논증을 표현하고 있는지를 결정하기란 쉽지 않다.

사실은 세 번째 집합만이 타당한 연역적 논증이다.

11.1 논리적 타당성

우리는 타당한 논증들, 즉 그 전제들이 결론을 위한 절대적인 근거를 제공하고 있는 논증들을 확인하는 절차를 제시할 것이다.

논리적으로 타당하다는 말의 정의는 다음과 같다. 어떤 논증은, 만약 그 전제들이 참일 때 결론도 반드시 참이라면 그리고 단지 그때에만, 타당하다.

일반적으로 타당한 연역적 논증은 참인 전제들과 참인 결론을 가질 수도 있고 거짓인 전제들과 참인 결론을 가질 수도 있으며 아니면 거짓인 전제들과 거짓인 결론을 가질 수도 있다. 그러나 참인 전제들과 거짓인 결론을 가지는 경우는 타당성 정의에서 배제된다.

두 번째 논증을 가지고 다시 한 번 생각해보겠다.

> "차태현이 영화배우라면 차태현은 많은 인기를 얻게 될 것이다.
> 차태현은 영화배우가 아니다.
> 그러므로 차태현은 많은 인기를 얻지 못할 것이다."

이 논증은 타당하지 않다. 왜냐하면 전제들의 참이 결론의 참을 보증해주지 못하기 때문이다. 전제들이 모두 참이라 해도 결론은 여전히 거짓일 가능성이 있다.

차태현이 영화배우가 아니더라도 다른 직종에서 근무하면서 사람들로부터 많은 인기를 누리며 살 수 있는 가능성을 배제할 수는 없다.

이런 경우에는 전제들이 참이고 결론은 거짓일 수 있는 것이다. 타당성의 정의에 의해서 전제들이 참이고 결론이 거짓일 수 있다는 것은 이 논증이 타당하지 않음을 보여주고 있는 것이다. 다음은 논증 3을 검토해보기로 하자.

> "정준이 기말시험에서 1등을 한다면, 경옥은 정준에게 밥을 살 것이다.
> 현서가 정준에게 예상문제를 알려준다면, 정준은 기말시험에서 1등을 할 것이다.
> 그러므로 현서가 정준에게 예상문제를 알려준다면 경옥은 정준에게 밥을 살 것이다."

이 논증은 타당한 연역적 논증이다. 만약 이 논증의 전제들이 참이라면 그 결론은 반드시 참이 된다. 정준의 시험에서 1등을 한다면 경옥이 밥을 사주든지 사주지 않든지, 그리고 현서가 정준에게 예상문제를 알려준다면 정준이 시험에서 1등을 하든지 1등을 못하든지 결론은 전제들로부터 논리적으로 유도된다.

이 논증에서 전제들과 결론 모두 참일 수도 있고 거짓일 수도 있지만 만약 전제들이 참이라면 반드시 결론은 참이다. 그러므로 이 논증은 타당하다고 말할 수 있다.

1) 모순적인 명제들과 동어반복적인 명제들에 대한 논증

위에서 정의한 타당성에 대한 정의를 받아들인다면 그 전제들 중의 적어도 하나가 모순명제인 논증은 어떤 논증이라 하더라도 반드시 타당한 논증이 된다.

어떤 논증의 전제 가운데 하나가 모순명제라면 전제가 참이고 결론이 거짓인 경우를 결코 가질 수 없기 때문에 타당한 논증이 된다.

전제들의 모두가 동시에 참이 되는 것이 논리적으로 불가능한 전제들의 집합은 어떤 집합이라 하더라도 비정합적(inconsistent)이라고 말한다.

그러므로 비정합적 전제들의 집합을 가지고 있는 논증은 어떤 논증이라 하더라도 반드시 타당하다. 다음 예들을 통해 살펴보기로 하겠다.

(논증 5) 63빌딩은 세계에서 가장 높은 빌딩이다.
63빌딩은 세계에서 가장 높은 빌딩이 아니다.
그러므로 63빌딩은 한국에서 가장 높은 빌딩이다.

(논증 6) 63빌딩은 한국에서 가장 높은 빌딩이다.
63빌딩은 한국에서 가장 높은 빌딩이 아니다.
그러므로 63빌딩은 세계에서 가장 높은 빌딩이다.

이 논증들은 각각 연역적으로 타당하다. 논증 5는 거짓인 전제와 참인 결론을 가지고 타당하며, 논증 6은 비정합적인 전제들과 거짓인 결론을 가지고 있으므로 타당성의 정의에 의해 참인 전제와 거짓인 결론을 가지고 있지 않기 때문에 이 논증 역시 타당하다.

다시 말해서, 모순적인 진술은 항상 거짓이며 혹은 비정합적인 전제들의 집합을 가지고 있는 모든 논증은 참인 전제들과 거짓인 결론을 가지는 것이 불가능하다.

논증 6에서는 전제들과 결론 사이에 아무런 연관성이 없지만 이 논증은 논리적으로 타당하다.

동어반복명제는 그것의 논리적 형식으로 말미암아 항상 참인 진술로서 정의된다. 동어반복명제를 결론으로 가지는 경우에는 전제가 참이고 결론이 거짓이 되는 것이 불가능하므로 그 논증은 항상 타당하다. 다음 논증들을 살펴보겠다.

(논증 7) 한국은 세계에서 가장 높은 국민소득을 가진 국가이다.
그러므로 한국은 반도국가이거나 혹은 한국은 반도국가가 아니다.

(논증 8) 세종대왕은 한글을 창제하셨다.

그러므로 세종대왕은 조선시대 왕이었거나 혹은 조선시대 왕이 아니었다.

논증 7은 거짓인 전제와 참인 결론을 가지고 있으며, 반면에 논증 8은 참인 전제와 참인 결론을 가지고 있다. 두 논증은 타당성 정의에 의해 모두 타당하다.

결론적으로 동어반복명제를 가지고 있는 논증은 항상 참인 결론을 가지고 있으므로 전제가 참이고 결론이 거짓이 되는 것이 불가능하다. 그러므로 동어반복명제를 가지는 논증은 항상 타당하다.

11.2 논증의 약식기호와 논증도식

이전 장에서 진리 함수적 명제들을 약식으로 표기하는 방법에 대해 배웠다. 마찬가지로 하나의 논증을 구성하고 있는 일련의 진술들을 약식으로 표기하는 것도 역시 가능하다.

다음은 논증 9를 약식으로 표기한 것이다.

(논증 9) 만일 고래가 어류라면 호랑이는 초식동물이다.
호랑이는 초식동물이 아니다.
그러므로 고래는 어류가 아니다.

$$\begin{array}{r} p \rightarrow q \\ \sim q \\ \hline \therefore\ \sim p \end{array}$$

또한 진리 함수적 논증을 도식화하는 것도 가능하다. 만일 논증에서 동일한 진술이 반복해서 나타나는 경우에 그 자리에 동일한 유형의 도식을 사용하며 다른 진술의 각각에 대해서는 다른 유형의 도식을 사용한다.

위의 논증도식에서 사용된 기호들은 어떠한 명제로도 대치될 수 있다. 예를 들어, "p"자리에 "베토벤은 미술가이다."라는 명제를 대치시킬 수 있고, "q"자리에 "다비드 상은 베토벤의 작품이다."라는 명제를 대치시킬 수 있다.

그래서 "p"와 "q"를 각각 "베토벤은 미술가이다.", "다비드 상은 베토벤의 작품이다."로 대치시킨다면 다음과 같은 논증을 얻게 된다.

(논증 10) 만일 베토벤이 미술가이면, 다비드 상은 베토벤의 작품이다.
다비드상은 베토벤의 작품이 아니다.

그러므로 베토벤은 미술가가 아니다.

논증 10은 논증 9와 동일한 형식을 가지고 있으며 또한 논증 2와 동일한 형식을 가지고 있다. 이와 같이 위의 약식표기에서 p와 q에 실제적인 명제들을 대치시키는 과정을 대입사례(substitution instance)를 만드는 과정이라고 말한다. p와 q에 단순명제뿐만 아니라 복합명제를 대치시킬 수도 있다. 예를 들면,

(논증 11) 논리학 수업에서 주화영 혹은 이정하가 A학점을 받는다면,
이병헌은 산에 갈 것이고 정우성은 바다로 갈 것이다.
이병헌은 산에 갈 것이고 정우성은 바다로 갈 것이라는 것은 사실이 아니다.
그러므로 논리학 수업에서 주화영 혹은 이정하가 A학점을 받는다는 것은 사실이 아니다.

이 대입사례에서 "논리학 수업에서 주화영 혹은 이정하가 A학점을 받는다."라는 문장은 "p"를 대신한 복합명제이고, "이병헌은 산에 갈 것이고 정우성은 바다로 갈 것이다."라는 문장은 "q"를 대신한 복합명제이다.

타당한 논증이란 전제들이 참일 때 결론도 반드시 참이 되는 그런 논증이다. 그러므로 타당한 논증도식이란 참인 전제들과 거짓인 결론으로 구성되는 논증을 만들 수 있는 대입사례가 전혀 불가능한 논증도식으로서 정의될 수 있다.

11.3 진리표를 이용한 타당성 검사

어떤 특정한 논증 혹은 약식으로 표기된 논증을 위한 진리표를 작성하는 것은 엄격한 의미에서 바르지 못하다. 왜냐하면 이런 경우 그 논증을 구성하고 있는 각각의 명제는 고유한 진리값을 가지고 있기 때문이다.

따라서 논증도식을 위한 진리표를 작성하는 것만이 적절하다. 논증들의 타당성을 검사하기 위한 진리표 방법은 어떤 논증도식의 각각의 전제들과 결론을 위한 진리표를 작성할 것을 요구하고 있다.

1) 후건 부정식

다음 논증도식의 타당성을 검토해보도록 하겠다.

$$\begin{array}{r} p\rightarrow q \\ \sim q \\ \hline \therefore\ \sim p \end{array}$$

p와 q에 대치될 수 있는 진리값들의 모든 가능한 경우의 수를 p와 q 아래쪽 열에 나열한다.

p	q	p→q (전제)	~q (전제)	~p (결론)
T	T			
T	F			
F	T			
F	F			

그 다음에는 전제와 결론에 포함된 논리연산자들 아래쪽 열에 진리값을 채운다.

p	q	p→q (전제)	~q (전제)	~p (결론)
T	T	T	F	F
T	F	F	T	F
F	T	T	F	T
F	F	T	T	T

진리표를 완성한 후에 각각의 전제들의 주연산자 아래쪽 열이 모두 T인 경우가 있는지를 조사하고 만약 그런 경우가 있다면 굵은 글씨체로 T를 표시한다.

p	q	p→q (전제)	~q (전제)	~p (결론)
T	T	T	F	F
T	F	F	T	F
F	T	T	F	T
F	F	T	T	T

진리표에서 전제들의 진리값 모두가 T인 경우에 한해서, 결론의 주연산자 아래쪽 열이 F인 경우가 있는지를 조사하여 만약 그런 경우가 있다면 굵은 글씨체로 F를 표시한다.

그 논증도식은 타당하지 않은 논증도식이 된다. 그러나 위의 논증도식에서는 모든 전제들의 진리값이 T이고, 결론의 진리값이 F인 경우가 없기 때문에 이 논증도식은 타당한 논증도식이다. 이런 특별한 논증도식을 후건 부정식(modus tollens)이라고 말한다.

2) 전건 부정의 오류

다음은 후건 부정식과 매우 비슷한 형식을 가지고 있지만 연역적으로 타당하지 않은 도식을 소개하려고 한다. 이 도식을 전건 부정의 오류라고 말한다.

> "만일 눈이 내린다면, 나는 덕수궁 돌담길을 걷는다.
> 눈이 내리지 않는다.
> 그러므로 나는 덕수궁 돌담길을 걷지 않는다."

이 논증에서 "눈이 내린다."를 "p"로 대치하고, "나는 덕수궁 돌담길을 걷는다."를 "q"에 의해 대치시킬 때 다음의 논증도식을 얻게 될 것이다.

$$\begin{array}{r} p \rightarrow q \\ \sim q \\ \hline \therefore\ \sim p \end{array}$$

그리고 이 논증도식의 진리표는 다음과 같이 얻게 될 것이다.

p	q	p→q (전제)	~p (전제)	~q (결론)
T	T	T	F	F
T	F	F	F	T
F	T	**T**	**T**	**F**
F	F	T	T	T

이 진리표에서 두 개의 전제가 T이고 결론이 F인 경우가 있으므로 이 논증은 타당하지 않음을 알 수 있다.

3) 전건 긍정식

다음은 논리도식을 약식으로 표기한 것이다. "p"와 "q"에 대치될 수 있는 명제들을 사용하여 논증을 구성해보고 그 논증이 타당한 논증인지를 진리표를 이용하여 조사해보겠다.

$$\begin{array}{r} p \rightarrow q \\ P \\ \hline \therefore\ q \end{array}$$

"만일 박원진이 결혼을 한다면, 박원진은 이스탄불로 신혼여행을 갈 것이다.
박원진이 결혼을 한다.
그러므로 박원진은 이스탄불로 신혼여행을 갈 것이다."

p	q	p→q (전제)	p (전제)	q (결론)
T	T	**T**	**T**	T
T	F	F	T	F
F	T	T	F	T
F	F	T	F	F

이 진리표에서 두 전제가 모두 T인 경우가 첫 번째 행에 있지만 결론이 F가 아니므로 이 논증은 타당하다. 이런 논증도식을 전건 긍정식(modus ponens)이라고 말한다.

이와 같은 형식을 가지는 논증도식에 어떠한 대입사례도 모두 타당하다는 것을 의미한다. 이 논증도식의 "p"와 "q"에 복합명제들을 대치시킨 대입사례도 논리적으로 타당하다. 다음의 예를 통해 살펴보도록 하겠다.

먼저 복합명제가 포함된 논증을 얻기 전에 약식기호로 표기된 논증도식을 만들어 보겠다. 그리고 그 다음으로 논증도식에 대한 진리표를 얻도록 하겠다.

$$\begin{array}{l} (p \lor q) \rightarrow (r \land s) \\ p \lor q \\ \hline \therefore\ r \land s \end{array}$$

"이정란이 회사에 취직하거나 자영업을 시작한다면,
이정란은 소득이 생기고 자동차를 구입할 것이다.
이정란이 회사에 취직하거나 자영업을 시작한다.
그러므로 이정란은 소득이 생기고 자동차를 구입할 것이다."

p	q	r	s	(p∨q)→(r∧s) (전제)	p∨q (전제)	r∧s (결론)
T	T	T	T	**T**	**T**	**T**
F	T	T	T	**T**	**T**	**T**
T	F	T	T	**T**	**T**	**T**
T	T	F	T	F	T	F
T	T	T	F	F	T	F
T	T	F	F	F	T	F
T	F	F	T	F	T	F
F	T	F	T	F	T	F
F	T	T	F	F	T	F
F	F	T	T	T	F	T
T	F	T	F	F	T	F
T	F	F	F	F	T	F
F	T	F	F	F	T	F
F	F	T	F	T	F	F
F	F	F	T	T	F	F
F	F	F	F	T	F	F

이 진리표에서 모든 전제들이 T이고 결론은 F인 경우는 존재하지 않는다. 그러므로 복합명제가 포함된 논증도식이라 할지라도 전건 긍정식의 형식을 취한다면 타당한 논증이 될 것이다.

4) 가언삼단논법

가언삼단논법(hypothetical syllogism)으로 알려진 논증도식은 다음과 같이 약식기호로 표기하여 나타낼 수 있다.

$$\begin{array}{r} p\rightarrow q \\ q\rightarrow r \\ \hline \therefore p\rightarrow r \end{array}$$

다음은 이 형식을 가진 논증의 예이다. 진리표를 구하고 이 논증이 타당한지를 살펴보겠다.

"만일 사람이 원숭이로부터 진화했다면, 원숭이는 인류의 조상이다.
만일 원숭이가 인류의 조상이라면, 원숭이는 존경을 받아야 한다.
그러므로 만일 사람이 원숭이로부터 진화했다면, 원숭이는 존경을 받아야 한다."

p	q	r	p→q (전제)	q→r (전제)	p→r (결론)
T	T	T	**T**	**T**	**T**
T	T	F	T	F	F
T	F	T	F	T	T
F	T	T	T	T	T
T	F	F	F	T	F
F	T	F	T	F	T
F	F	T	**T**	**T**	**T**
F	F	F	**T**	**T**	**T**

위의 진리표로부터 우리는 모든 전제가 T이고 결론이 F인 경우를 찾을 수가 없다. 그러므로 이 가언삼단논법의 형식을 가진 논증은 항상 논리적으로 타당하다.

5) 선언삼단논법

다음은 선언삼단논법(disjunctive syllogism)의 논증도식을 약식기호로 표기한 것이다.

$$p \vee q$$
$$\sim p$$
$$\therefore\ q$$

다음은 이 형식을 가진 논증의 예이다. 진리표를 구하고 이 논증이 타당한지를 살펴보겠다.

"내일 비가 오거나 혹은 눈이 내릴 것이다.
비가 오지 않을 것이다.
그러므로 눈이 내릴 것이다."

이 선언삼단논법의 형식을 가진 논증이 타당한지를 진리표에 의해서 검토해보겠다.

p	q	p∨q (전제)	~p (전제)	q (결론)
T	T	T	F	T
T	F	T	F	F
F	T	**T**	**T**	**T**
F	F	F	T	F

이 진리표로부터 선언삼단논법이 논리적으로 타당하다는 것은 명백하다. 왜냐하면 전제들이 모두 T이고 결론이 F인 경우가 존재하지 않기 때문이다.

6) 구성적 딜레마

다음의 논증도식은 구성적 딜레마(constructive dilemma)라고 알려져 있는 것이다. 이 논증도식의 진리표를 구하고 타당성을 살펴보겠다.

$$\begin{array}{l} (p \rightarrow q) \wedge (r \rightarrow s) \\ p \vee r \\ \hline \therefore\ q \vee s \end{array}$$

p	q	r	s	(p→q)∧(r→s) (전제)	p∨r (전제)	q∨s (결론)
T	T	T	T	**T**	**T**	**T**
F	T	T	T	**T**	**T**	**T**
T	F	T	T	F	T	T
T	T	F	T	**T**	**T**	**T**
T	T	T	F	F	T	T
T	T	F	F	**T**	**T**	**T**
T	F	F	T	F	T	T
F	T	F	T	T	F	T
F	T	T	F	F	T	T
F	F	T	T	**T**	**T**	**T**
T	F	T	F	F	T	F
T	F	F	F	F	T	F
F	T	F	F	F	F	T
F	F	T	F	F	T	F
F	F	F	T	T	F	T
F	F	F	F	T	F	F

위의 진리표에서 볼 수 있듯이 구성적 딜레마의 형식을 가진 논증은 항상 타당하다.

11.4 진리 함수적 논증의 타당성 한계

논증의 타당성을 검증하는 방법은 매우 큰 한계를 가지고 있다. 진리표를 가지고 논증의 타당성을 조사하는 방법에서 만일 어떤 논증이 타당하지 않은 것으로 증명되었다 하더라도 이 논증은 다른 방법을 사용하여 타당한 논증으로 증명될 가능성은 여전히 남아 있다.

이런 이유 때문에 논증의 타당성을 말할 때는 '진리 함수적'이라는 전제를 염두해 두어야 한다.

만일 의도된 어떤 논증이 진리 함수적으로 타당하지 않더라도 어떤 경우에 있어서는 다른 논리적 체계를 사용했을 때 그 논증이 타당한 것으로 증명될 수도 있다. 다음 예를 통해서 위 사실을 살펴보도록 하겠다.

"모든 사람은 죄인이다.
아담은 사람이다.
그러므로 아담은 죄인이다."

이 논증은 각각의 전제들과 결론이 서로 독립된 단순명제로 이루어져 있다. 이 논증을 약식기호로 표기하면 다음과 같은 논증도식을 얻게 된다.

$$\begin{array}{l} p \\ q \\ \hline \therefore r \end{array}$$

위의 논증도식에 대한 진리표는 다음과 같다.

p	q	r	p (전제)	q (전제)	r (결론)
T	T	T	T	T	T
T	T	F	**T**	**T**	**F**
T	F	T	T	F	T
F	T	T	F	T	T
T	F	F	T	F	F
F	T	F	F	T	F
F	F	T	F	F	T
F	F	F	F	F	F

이 진리표에서 두 전제들이 T이고 결론이 F인 경우가 있으므로 이 논증은 타당하지 않다. 그러나 이미 이전 장에서 삼단논법을 공부하면서 이 논증이 타당한 것임을 배웠고 직관적으로도 이 논증이 타당하다는 것을 알 수 있다.

그러므로 단지 위의 진리표가 진리 함수적으로 타당하지 않다는 것을 증명해주는 것이다. 다시 말하자면, 이 논증을 진리 함수적 논리학에 적용할 때 논리적으로 타당함을 보일 수 없음을 말하고 있는 것이다.

11.5 단축된 진리표로 타당성 검사

어떤 논증을 구성하고 있는 명제들의 개수가 n이면 진리표에서 각각의 명제들이 취할 수 있는 진리값들의 경우의 수는 2^n이 될 것이다. n이 커지면 커질수록 진리표를 얻는 시간이 많이 소요될 것이다.

그러므로 이 절에서는 어떤 논증의 진리 함수적 타당성을 조사하는 데 필요한 간단한 계산과정을 공부하려고 한다.

진리 함수적으로 타당하지 않음을 보이기 위해서 우리는 전제들 모두가 T이고 결론이 F인 경우만을 찾기만 하면 된다. 그래서 먼저 결론의 진리값이 F가 됨을 가정하고, 모든 전제들이 T가 되는 것이 가능한지를 조사하면 될 것이다.

단축된 진리표 방법은 어떤 논증이 진리적 함수적으로 타당하지 않음을 조사하는 데 사용될 뿐이다. 즉 어떤 논증이 진리 함수적으로 타당한지를 증명하기 위해서는 완전한 진리표를 작성해야 할 것이다.

다음과 같은 논증도식을 가지고 단축된 진리표를 얻는 방법을 생각해보겠다.

$$
\begin{array}{r}
p \rightarrow q \\
r \rightarrow s \\
p \vee s \\
\hline
\therefore\ q \vee r
\end{array}
$$

단축된 진리표 방법을 작성하기 위한 첫 단계는 다음과 같이 간단한 표를 만들고 결론의 주연산자 아래쪽 열에 F를 적는다.

p	q	r	s	p→q	r→s	p∨s	q∨r (결론)
							F

다음은 결론 q∨r이 F가 되기 위해서 q와 r이 가질 수 있는 진리값을 q와 r의 아래쪽 열에 적는다. 그리고 전제들 중 q와 r이 있는 곳을 찾아서 그 아래쪽 열에 동일한 진리값을 적어 넣는다.

p	q	r	s	p→q (전제 1)	r→s (전제 2)	p∨s (전제 3)	q∨r (결론)
	F	**F**		**F**	**F**		F

다음은 전제 1의 진리값이 T가 되도록 p의 진리값을 결정하고, 전제 1과 전제 3의 p 아래쪽 열에 결정한 값(F)을 적는다. 나머지 전제들에서 p를 찾아 그 아래쪽 열에 같은 값을 적는다.

p	q	r	s	p→q (전제 1)	r→s (전제 2)	p∨s (전제 3)	q∨r (결론)
F	F	F		**F T** F	F	**F**	F

다음은 전제 2의 진리값이 T가 되도록 s를 결정한다. 이때 s는 T와 F를 가질 수 있지만, 전제 3의 진리값이 T가 되어야 하기 때문에 s는 진리값 T를 가져야 한다.

p	q	r	s	p→q (전제 1)	r→s (전제 2)	p∨s (전제 3)	q∨r (결론)
F	F	F	**T**	F T F	F **T T**	F **T T**	F

그러므로 전제 1, 전제 2 그리고 전제 3의 진리값이 모두 T이면서 결론이 F인 경우가 존재하므로 이 논증은 타당하지 않음을 증명하고 있는 것이다.

p	q	r	s	p→q (전제 1)	r→s (전제 2)	p∨s (전제 3)	q∨r (결론)
F	F	F	T	**T**	**T**	**T**	**F**

11.6 진리 함수적 논증에 상응하는 조건명제

진리 함수적 논증에 상응하는 조건명제란 전건이 이 논증의 전제들의 연언으로 구성되어 있고 후건이 그 논증의 결론인 함언으로 정의된다. 모든 진리 함수적 논증에 대해서 상응하는 조건명제(a corresponding conditional proposition)를 구성하는 것이 가능하다.

1) 선언삼단논법에 상응하는 조건명제

본 장의 3절에서 언급한 선언삼단논법의 논증도식과 논증의 예를 다시 한번 살펴보도록 하겠다.

$$p \vee q$$
$$\sim p$$
$$\therefore\ q$$

"내일 비가 오거나 혹은 눈이 내릴 것이다.
비가 오지 않을 것이다.
그러므로 눈이 내릴 것이다."

이 논증에 상응하는 조건명제에 대한 논증도식과 논증의 예 그리고 진리표를 만들면 다음과 같다.

$$((p \vee q) \wedge \sim p) \rightarrow q$$

"만일 내일 비가 오거나 혹은 눈이 내릴 것이고 비가 오지 않는다면,
눈이 내릴 것이다."

p	q	((p ∨ q) ∧ ~p)→q
T	T	T FF **T**
T	F	T FF **T**
F	T	T TT **T**
F	F	F FT **T**

위의 진리표에서 주연산자 → 아래쪽 열이 모두 T인 것을 알 수 있는데 이것은 사실상 이 진술이 동어반복명제임을 보여주고 있는 것이다.

2) 구성적 딜레마에 상응하는 조건명제

본 장의 3절에서 구성적 딜레마의 논증도식과 논증의 예를 살펴보았다. 여기서 이 논증을 명제(동어반복명제)로 전환시키는 작업을 해보겠다.

다음은 논증도식과 논증의 예를 나타낸 것이다.

$$(p \rightarrow q) \wedge (r \rightarrow s)$$
$$p \vee r$$
$$\therefore\ q \vee s$$

"동진이가 태권도부에 들어가면 유진이는 발레부에 들어가고
동현이가 검도부에 들어가면 여주는 미술부에 들어간다.
동진이가 태권도부에 들어가거나 혹은 동현이는 검도부에 들어간다.
그러므로 유진이는 발레부에 들어가거나 혹은 여주는 미술부에 들어간다."

다음은 논증도식에 상응하는 조건명제를 기호로 표시하고 그 예를 만들어보겠다.

$$(((p \rightarrow q) \wedge (r \rightarrow s)) \wedge (p \vee r)) \rightarrow (q \vee s)$$

"동진이가 태권도부에 들어가면 유진이는 발레부에 들어가고
동현이가 검도부에 들어가면 여주는 미술부에 들어가고
동진이가 태권도부에 들어가거나 혹은 동현이는 검도부에 들어간다면,
유진이는 발레부에 들어가거나 혹은 여주는 미술부에 들어간다."

다음은 위의 조건명제에 대한 진리표를 나타낸 것이다.

p	q	r	s	$(((p \rightarrow q) \wedge (r \rightarrow s)) \wedge (p \vee r)) \rightarrow (q \vee s)$
T	T	T	T	T T T T T T T
T	T	T	F	T F F F T T T
T	F	T	T	F F T F T T T
T	T	F	T	T T T T T T T
T	T	T	F	T F F F T T T
T	T	F	F	T T T T T T T
T	F	T	F	F F F F T T F
T	F	F	T	F F T F T T T
F	T	T	F	T F F F T T T

F	T	F	T	T T T F F T T
F	F	T	T	T T T T T T T
T	F	F	F	F F T F T T F
F	T	F	F	T T T F F T T
F	F	T	F	T F F F T T F
F	F	F	T	T T T F F T T
F	F	F	F	T T T F F T F

이 진리표로부터 이 조건명제가 동어반복명제(이 명제의 주연산자가 함언이며 그 아래쪽 열로 큰 글씨체 T가 모두 종렬로 배열되어 있다)임을 알 수 있다.

11.7 추리를 위한 규칙들

어떤 연역적 증명이든 간에 만약 그 증명이 논증도식의 타당성을 논증하는 것이라면 그 증명에서 우리가 알고 있는 규칙들의 수가 많으면 많을수록 증명에 소요되는 단계를 현저히 줄일 수 있을 것이다. 그렇다고 무작정 많은 규칙들을 암기할 수는 없을 것이다. 그래서 적당한 규칙들과 체계들을 사용하여 진리 함수적 타당성을 증명할 수 있을 것이다.

앞으로 비교적 주로 사용하게 될 몇 개의 규칙들에 대해서 소개할 것이며 이러한 체계는 연역적으로 완전한 것이므로 타당성 검사에 유용할 것이다.

(1) 후건 부정식

$$\begin{array}{c} p \rightarrow q \\ \sim q \\ \hline \therefore \ \sim p \end{array}$$

(2) 전건 긍정식

$$\begin{array}{c} p \rightarrow q \\ p \\ \hline \therefore \ q \end{array}$$

(3) 선언삼단논법

$$\frac{p \lor q \quad \sim p}{\therefore\ q} \qquad \frac{p \lor q \quad \sim q}{\therefore\ p}$$

(4) 단순화

$$\frac{p \land q}{\therefore\ p} \qquad \frac{p \land q}{\therefore\ q}$$

(5) 가언삼단논법

$$\frac{p \to q \quad q \to r}{\therefore\ p \to r}$$

(6) 연언

$$\frac{p \quad q}{\therefore\ p \land q}$$

(7) 구성적 딜레마

$$\frac{(p \to q) \land (r \to s) \quad p \lor r}{\therefore\ q \lor s}$$

(8) 부가

$$\frac{p}{\therefore\ p \lor q}$$

이 가운데 앞에서 증명하지 않았던 네 개의 규칙들은 이미 증명되었던 후건 부정식, 전건 긍정식, 가언삼단논법, 구성적 딜레마 등과 마찬가지로 진리표에 의해서 그 타당성을 확인할 수 있다.

위에서 제시된 8개의 논증도식들은 기본적인 논증도식이며 이들 규칙들은 더 복잡한 다른 진리함수적 논증들의 타당성을 증명하는데 사용된다.

우리는 겉으로 보기에는 매우 복잡한 것으로 생각되지만 사실은 특정한 어떤 추리규칙을 나타내는 논증도식의 대입사례에 불과한 논증임을 알게 된다. 다음의 예에서 어떤 기본규칙들이 사용되었는지 확인해보겠다.

> "한국이 축구실력을 향상시키고 국가적 차원에서 지원을 아끼지 않아서 2018년 월드컵 개최가 성공적으로 이루어지거나 혹은 다른 아시아 국가들이 국제적으로 영향력을 행사하여 한국이 2022년 월드컵 개최를 위해 노력하게 될 것이다.
> 다른 아시아 국가들이 국제적으로 영향력을 행사하여 한국이 2022년 월드컵 개최를 위해 노력하게 될 것이라는 것은 사실과 다르다.
> 그러므로 한국이 축구실력을 향상시키고 국가적 차원에서 지원을 아끼지 않아서 2018년 월드컵 개최가 성공적으로 이루어질 것이다."

이 논증의 논증도식은 다음과 같이 표기될 수 있다.

$$((p \land q) \land r) \lor (s \land t)$$
$$\sim(s \land t)$$
$$\therefore \ (p \land q) \land r)$$

이 도식이 선언삼단논법을 나타내는 논증도식의 복잡한 변형에 불과하다는 것을 쉽게 알 수 있을 것이다.

다음 예는 타당하게 보이지만 결코 그렇지 않은 경우이다.

> "한국이 축구실력을 향상시키고 2018년 월드컵 개최가 성공적으로 이루어질 것이다. 그러므로 한국이 축구실력을 향상시키거나 로비를 강화해서 2018년 월드컵 개최가 성공적으로 이루어질 것이다."

이 논증의 논증도식은 다음과 같을 것이다.

$$p \land q$$
$$\therefore \ (p \lor r) \land q$$

이 도식은 지금까지 소개한 추리규칙들 중의 어느 것과도 동일하지 않다. 그럼에도 불구하고 이 도식이 진리 함수적으로 타당한 논증도식이라고 말하게 될지도 모른다. 선언을 위한 기호인 ∨과 복합적인 전제의 첫 번째 연언지에 부가되어 있는 명제 r을 가지고 있는 이 도식이 부가의 규칙을 단순히 응용한 것으로 간주될지도 모른다.

그러나 추리규칙들의 이와 같은 사용은 허용되지 않는다. 추리규칙들은 타당한 논증도식이기 어떤 논증의 한 단계 내에 있는 복합명제의 도식들 가운데 구성된 부분들에 대해서는 적용될 수 없기 때문이다.

지금까지 주어진 8개의 추리규칙들은 어떤 논증을 증명하는 가운데 모든 가로 행 전체에 대해서만 적용될 수 있다.

〈연습문제〉

1. 다음 진리 함수적 논증들을 약식으로 표기하고 논증도식을 만드시오.

(1) 눈이 온다면 스키장이 개장한다.
눈이 내린다.
그러므로 스키장은 개장한다.

(2) 저녁 하늘에 구름이 끼어 있거나 달이 빛나고 있다.
하늘에 구름이 끼어있지 않다.
그러므로 달이 빛나고 있다.

(3) 만약 모든 개가 육식동물이라면 진돗개는 육식동물이다.
진돗개는 육식동물이 아니다.
그러므로 모든 개가 육식동물이라는 것은 사실이 아니다.

(4) 만약 우리가 남산공원으로 놀러 간다면 우리는 예영이를 데리고 가거나 지환이를 데리고 갈 것이다.
우리는 남산공원으로 놀러간다.
그러므로 우리는 예영이를 데리고 가거나 지환이를 데리고 갈 것이다.

2. 다음 논증도식의 진리 함수적 타당성을 진리표를 이용하여 조사하시오.

(1)
$p \wedge q$
―――――
$\therefore\ p$

(2)
$q \rightarrow p$
―――――
$\therefore\ \sim q \rightarrow \sim p$

(3)
$p \rightarrow q$
$p \rightarrow r$
―――――
$\therefore\ q \vee r$

(4)
$p \rightarrow q$
$p \vee r$
$\sim r$
―――――
$\therefore\ q$

(5)
$(p \wedge q) \rightarrow r$
$p \wedge \sim r$
―――――
$\therefore\ \sim q$

(6)
$(\sim p \vee q) \rightarrow r$
$\sim r$
―――――
$\therefore\ \sim p$

3. 단축된 진리표 방법을 이용하여 다음 논증도식의 비 타당성을 증명하시오.

(1)

$p \rightarrow (q \rightarrow r)$

p

$\therefore\ r$

(2)

$(p \rightarrow r) \lor (s \rightarrow t)$

$r \lor t$

$\therefore\ p \lor s$

(3)

$p \rightarrow (q \lor r)$

$\sim q$

$\therefore\ r \rightarrow p$

(4)

$p \rightarrow (q \lor r)$

$q \rightarrow s$

p

$\therefore\ r \rightarrow s$

참고문헌

1. 강영계·김혜숙, 《논리학의 이해》, 철학과 현실사, 1994.
2. 김광수, 《솔로몬은 진짜 어머니를 가려냈을까》, 사계절, 2004.
3. 김국태, 《실용 논리학》, 철학과 현실사, 2003.
4. 김득순, 《이야기 속의 논리학》, 새날, 2002.
5. 로버트 바움, 안형관·전재원 역, 《기호 논리학》, 이문출판사, 2000.
6. 류명걸, 《일반 논리학》, 형설출판사, 2003.
7. 마거릿 버트하임, 박인찬 역, 《공간의 역사》, 생각의 나무, 2002.
8. 맥키너니, 강주헌 역, 《똑똑한 논리책》, 랜덤하우스 중앙, 2005.
9. 박우현, 《논리를 모르면 웃을 수도 없다》, 책세상, 2005.
10. 박은진·김희정, 《논리》, 아카넷, 2004.
11. 서정선, 《논리학의 첫걸음》, 서광사, 2002.
12. 석봉래, 《논리와 심리》, 서광사, 2003.
13. 소흥렬, 《논리와 사고》, 이화여자대학교 출판부, 2003.
14. 앤서니 웨스턴, 이보경 역, 《논증의 기술》, 필맥, 2006
15. 어핑 코피, 민찬홍 역, 《논리학 입문》, 이론과 실천, 1988.
16. 윤병태, 《개념 논리학》, 철학과 현실사, 2000.
17. 이수석, 《논리와 문화》, 철학과 현실사, 2003.
18. 이수석, 《논리와 생각》, 철학과 현실사, 2003.
19. 이수석, 《재미있는 논리학 수업》, 철학과 현실사, 2002.
20. 정연홍·김영필, 《논리와 기호》, 세종출판사, 2005.
21. 정위선, 《논리학 입문》, 학문사, 1994.
22. 정재환·신소혜, 《논리 속의 오류, 오류 속의 논리》, 한국외국어대학교 출판부, 2013.
23. 조르주 비뇨, 임기대 역, 《논증》, 동문선, 2001.
24. 존 윌슨, 윤희원 역, 《개념을 잡아라! 논리내공》, 이제이북스.
25. 하영석 외, 《사고와 논리》, 형설출판사, 1999.
26. 하영철, 《논리학 입문》, 형설출판사, 1985.
27. 하이 럭클리스·샌드라 오도, 《명료한 사고》, 서광사, 2002.

찾아보기

■ 김동건

한국과학기술원 수학과 (이학박사)
전) 청운대학교 경영학과 교수
현) 작은교회 담임목사

저서 : 《대학수학》, 《통계학》, 《경영수학》,
《논리학 이해》, 《미분적분학》 등

논리와 사고

지은이 김동건
펴낸이 조경희
펴낸곳 경문사
펴낸날 2014년 8월 1일 1판 1쇄
2025년 1월 20일 1판 8쇄
등 록 1979년 11월 9일 제313-1979-23호
주 소 04057, 서울특별시 마포구 와우산로 174
전 화 (02)332-2004 팩스 (02)336-5193
이메일 kyungmoon@kyungmoon.com

값 20,000원

ISBN 978-89-6105-812-4